続・漢籍の遥かな旅路

日本への旅路

京大人文研漢籍セミナー10

矢木　　毅
永田知之 著
道坂昭廣

研文出版

はしがき

テキストの「情報」が瞬時に世界を駆け巡る時代。古くから東アジアの文化に影響を及ぼしてきた中国古典籍（漢籍）のテキストも、今では全文画像や電子テキストとして容易に閲覧することができるようになっています。テキストの校訂にやや難を残しているとはいえ、コンピューターによる検索の便宜は圧倒的で、私たちの研究のスタイルすら大きく変わりつつある現実は否むことができません。それでも、「モノ」としての手ごたえを失ったテキストに、なにかしら物足りない思いを抱いている方も少なくはないのではないでしょうか。

『日本国見在書目録』から『経籍訪古志』にいたるまで、我が国に伝来した漢籍に関する研究には膨大な蓄積があり、それは今も営々と引き継がれています。宋元版や五山版など、天下の孤本とされるような有名な典籍についてはいうまでもありませんが、ごく一般的な普通本についても、漢籍の伝来にはそれぞれに秘められた物語が隠されていることでしょう。

二〇一八年三月に刊行した『漢籍の遥かな旅路――出版・流通・収蔵の諸相――』において

は、ユーラシアの東西を股にかけた漢字文化の交流について概観しました。今回は特に日本との関係に的を絞って書物の「出版・流通・収蔵」の諸相を考察します。たとえば日本にたどり着いた書物が、逆に中国へと里帰りする現象などにも着目しながら、できるだけ多くの書物の「旅路」をわかりやすく紹介することに努めて今回の冊子をまとめました。

矢木毅「海を渡った韓書と漢籍」は、朝鮮半島を経由して日本に渡った書物が日本において翻刻され、それらの和刻本が朝鮮、さらには中国へと還流していく現象についての概説。次に永田知之「行きて帰りし書物——漢籍の往還をめぐって——」は、同じテーマについて日中間の交渉を中心にさらに詳細に追究したもの。最後に道坂昭廣「王勃の作品集の旅」は、初唐四傑の一人、王勃の詩の伝来をめぐっての詳細なモノグラフ。

三篇それぞれの内容をとおして、読者の皆様に漢籍の「日本への旅路」を紹介し、さらには漢籍のもつ「古くて新しい」魅力をお伝えすることができれば幸いです。

なお、本シリーズを企画する東アジア人文情報学研究センターは、二〇二三年十月に「人文情報学創新センター」に改組されました。これにともない、本シリーズも一旦は完結となりますが、今後ともセンターでは新たな漢籍学の「創新」に努めてまいりますので、引き続き、ご支援・ご鞭撻をお願い申し上げる次第です。

（矢木　毅）

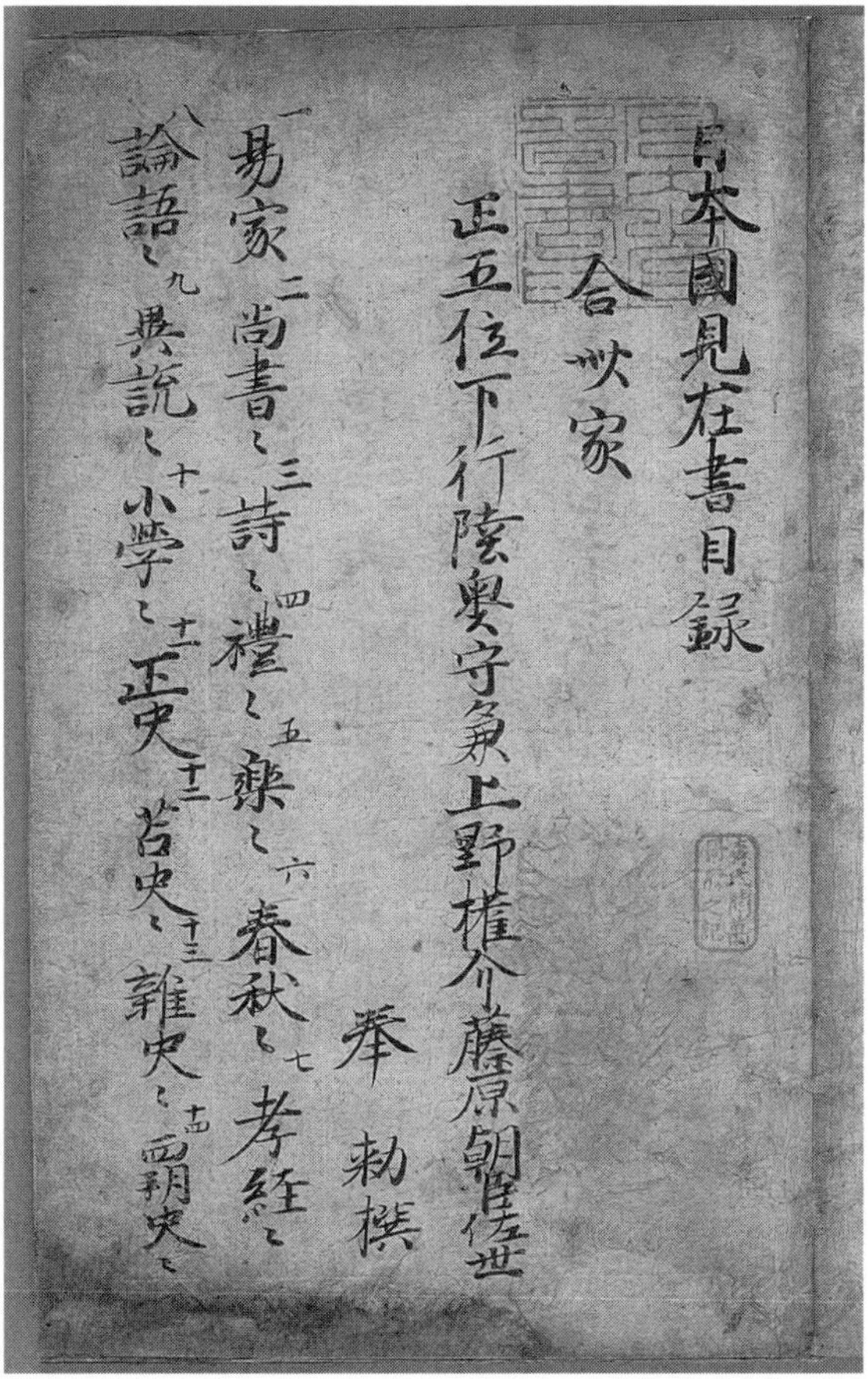

日本國見在書目録
合卌家
正五位下行陸奥守兼上野權介藤原朝臣佐世
奉　勅撰
一易家二尚書ゝ三詩ゝ四禮ゝ五樂ゝ六春秋ゝ七孝經ゝ
八論語ゝ九異説ゝ十小學ゝ十一正史十二古史ゝ十三雜史ゝ十四覇史ゝ

図版１　日本国見在書目録（宮内庁書陵部所蔵室生寺本）

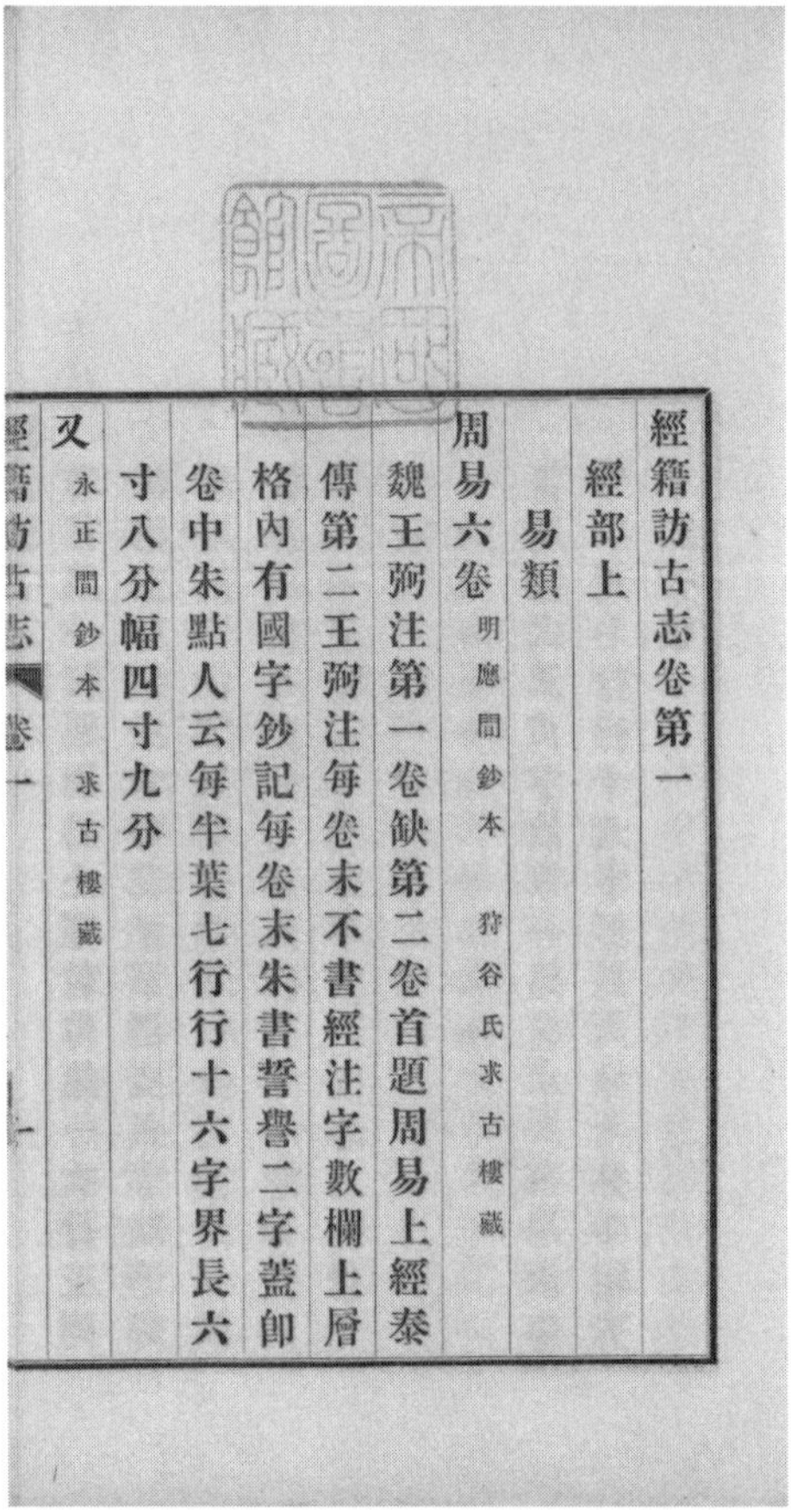
經籍訪古志卷第一
經部上
易類
周易六卷 明應間鈔本 狩谷氏求古樓藏
魏王弼注第一卷缺第二卷首題周易上經泰
傳第二王弼注每卷末不書經注字數欄上層
格內有國字鈔記每卷末朱書讐譽二字蓋卽
卷中朱點人云每半葉七行行十六字界長六
寸八分幅四寸九分
又 永正間鈔本 求古樓藏
經籍訪古志 卷一

図版2　経籍訪古志（光緒十一年排印本）
＊国立国会図書館デジタルコレクション
より転載

目次

海を渡った韓書と漢籍

矢木　毅

はじめに

二〇一七年三月十八日、私は「漢籍の遥かな旅路――出版・流通・収蔵の諸相――」をテーマとする第十二回の「東京漢籍セミナー」に参加して講師の末席に連なり、「漢籍購入の旅――朝鮮後期知識人たちの中国旅行記をひもとく――」と題する講演を行いました。その講録は内容を改訂したうえで「京大人文研漢籍セミナー」シリーズの一冊として研文出版より刊行されております。(1) 今回はその続編として、日本と韓国・朝鮮との間における書物の交流についてご紹介することとします。

その前提として、まず「書」と「本」との区別ということをお話しておきましょう。一般に、近代以前の中国の人々が中国古典文（いわゆる漢文）で著した書物のことを「漢書《かんしょ》」といいますが、これでは班固の『漢書《かんじょ》』と紛らわしいために、普通はこれを「漢籍《かんせき》」と呼びならわしています。そうして、同じ漢文の著作でも日本人の著した書物は「和書」に分類し、韓国・朝鮮の人の著した書物は「韓書」に分類します。要するに、「書」という場合には、その書物の内容（テキスト）によって区別し、特にどの国の人の著作であるかを基準として分類しているわけです。これは近代ナショナリズムの影響ということもいえるでしょう。

一方、「本」という場合にはその書物の造本上の区別、たとえば刊本であるか、写本であるか、排印本であるか、等々を示し、またその刊行地ごとに「唐本」、「和刻本」、「韓本（朝鮮本）」などの区別を示しています。たとえば『論語』というひとつの書物についても、中国で造られた「唐本」があり、日本で翻刻された「和刻本」があり、また朝鮮で翻刻された「朝鮮本（韓本）」がある。そうしたさまざまな書物の形態上の区別を「本」として呼び分けているわけです。

この場合、いわゆる「漢籍」については、中国本土で造られた「唐本」に対し、日本で翻刻された「和刻本」や、朝鮮で翻刻された「朝鮮本（韓本）」が存在し、また韓国・朝鮮の人々の著した書物、いわゆる「韓書」についても、韓国・朝鮮で造られた朝鮮本（韓本）に対して、それが中国で翻刻された「唐本」や、日本で翻刻された「和刻本」が存在する、ということになります。

話がすこしややこしくなってまいりましたが、こうした区別が必要になるというのも、それだけ東アジア世界（特に中国・朝鮮・日本）において、書物の出版や流通が盛んであったためにほかなりません。本日は特に韓国・朝鮮と日本との間の書物の交流に着目し、なるべく多くの実例を挙げて、その一端をご紹介していきたいと思います。

「書」と「本」

漢籍（漢書）	唐本
	和刻本
	朝鮮本（韓本）
韓書	唐本
	和刻本
	朝鮮本（韓本）

一　古代の交流

漢籍の伝来

我が国に伝来した最初の漢籍は何でしょうか。『日本書紀』応神天皇十六年の条――西暦では二八五年に当たりますが、干支二巡り繰り下げて、百二十年後の四〇五年に当てるのが学界の通説です――によると、この年に百済《くだら》から王仁《わに》が来朝し、世継ぎの君である菟道稚郎子《うじのわきいらつこ》の漢文の先生になったとあり、『古事記』ではこの王仁（和邇）が『論語』と『千字文』とを我が国にもたらしたことになっています。

もっとも、『千字文』が成立したのはこれより以後の六世紀のことですから、ここではただ漢籍の代表例として後世の人が『論語』と『千字文』の名前を挙げただけのことなのでしょう。しかし、『論語』と『千字文』とを漢籍の代表とすることそれ自体は、日本でも、また王仁のふるさとである朝鮮半島においても、古くからの伝統であったといってよいと思われます。

『論語』については、朝鮮の三国時代の新羅の遺跡（金海鳳凰洞遺跡）から『論語』公冶長《こうやちょう》篇の一文を記した木簡が発見され、新羅の人々が確かに『論語』を習読していたことが確認されています。[2] 新羅では「骨品制」と呼ばれる厳格な身分制度のもと、官吏の登用についても本人の能力より出身氏族の家柄を重視する傾向が強かったのですが、それでも七八八年には国学の学生を対象として「読書三品科（読書出身科）」の制度が定められ、儒学の成績に応じて官吏としての出仕の資格（出身）を与える制度が始められています。(3)

その内容を見ますと、まず『春秋左氏伝』または『礼記』・『文選』と、『論語』・『孝経』を習読したものを「上品」とし、「曲礼（礼記の一篇）」と『論語』・『孝経』を習読したものを「中品」とし、「曲礼」・『孝経』を習読したものを「下品」として、それぞれ成績に応じて「出身」の資格を与えていたといいます。

このうち、『論語』と『孝経』とは儒学の基礎経典にあたり、これらを習読したうえでそれぞれの専門科目を選択・学習していたことがわかりますが、専門科目として挙げられているのは『左伝』・『礼記』・『文選』などで、この点から詩賦を作成するための基礎——いわゆる詞章の学——を重んじる当時の学風をうかがうことができます。いうまでもなく、当時は宋学（朱子学）の成立する以前の時代ですので、『論語』はともかく、『中庸』・『大学』・『孟子』などの、いわゆる「四書」は挙げられていません。思弁的な学問のほうは、もっぱら同時代の仏教（華厳宗）のほうに委ねられていたのでしょう。こうした点は、奈良・平安時代の日本における漢籍の受容のあり方とも共通するといってよいと思われます。

その証拠に、当時の日本や新羅で流行した作家としては、たとえば『遊仙窟』の張文成や

「長恨歌」の白居易の名前を挙げることができます。日本では平安中期に『和漢朗詠集』という詞華集が編まれていますが、そこに集められた名句は、大半が白楽天（白居易）の作品であり、また張文成についても二点の名句が収録されています。彼らはいずれもその流麗な文体によって日本や新羅の文人貴族たちを魅了していたのですが、それについては中国の史書に次のようなエピソードが伝わっています。

まず『遊仙窟』の作者として知られる張文成については、新羅や日本の使節が入朝した折には必ず金宝をはたいて彼の作品を買い求めていったと言われており（『新唐書』巻一六一）、また白居易の詩文については、新羅の商人（雞林賈人）たちが大変熱心に買い求めておりましたが、それというのも彼の作品を愛好する新羅の宰相が「一金を以て一篇に換え」、高値で買い取っていたからであるといいます（『旧唐書』巻一六六）。日本においても新羅においても二人の作品が、いわば最新のモードとして熱狂的に受け入れられていたことがよくわかるエピソードといえるでしょう。

仏典については、「世界最古の印刷物」として知られる「百万塔陀羅尼《ひゃくまんとうだらに》」（日本）や「無垢浄光大陀羅尼経《むくじょうこうだいだらにきょう》」（新羅）が有名ですが、これらについても、どちらがより古いかを争うのではなく、両者に共通する東アジアの文化的背景に思いを馳せることこそが重要でしょう。

このころの日本や新羅は、いずれも唐を中心とする当時の東アジアの文化圏において、ほぼ同一のトレンドのもとに、古代国家の形成・発展の道を歩んでいたのです。

二　中世の交流

高麗では文宗の子の義天（いわゆる高麗王子）が元豊・元祐の間に中国（宋朝）に渡って仏典を収集し、さらに契丹や日本にまで収集の手を広げて大蔵経（初雕大蔵経）の補完に努めました。(4) これについて、『三国史記』の撰者でもある金富軾の「大覚国師碑」には、

――公私の蔵書が散佚して尽きかけたので、買値を重くして中国や契丹・日本から書物を求めた（官賸私褚、亡散幾盡。遂重購求書於中国、以及契丹・日本）。(5)

とあります。このうち、「賸《とう》」や「褚《ちょ》」は巻物を入れる袋のこと。「重購求書」とは、買値をはずんで書物を買い求めることをいいますが、(6) 我が国にはこうして集められた義天の「続蔵」に由来する仏典が、実に多く伝来しているのです（大屋徳城『高麗続蔵雕造攷』）。

ここではその代表例として『阿弥陀経通賛疏《しょ》』と『釈摩訶衍論通玄鈔』の二点を紹介し、併せて金沢文庫に伝わる『華厳論節要』をも紹介することにしましょう。

阿弥陀経通賛疏

まず『阿弥陀経通賛疏』ですが、こちらは唐の慈恩大師窺基《きき》(六三二～六八二)が『阿弥陀経』に付した注釈書で、これは高麗の義天(祐世僧統、後に大覚国師)が北宋の「元豊・元祐の間に中国で入手して高麗に持ち帰り(求得将到)」、以後、高麗でも広く「流通」することになった本であるといいます。それをさらに広く「流通」させるために、遼の大安五年(一〇八九)、高麗の宣宗六年に広祐僧統(後に慧徳王師)の韶顕(一〇三八～一〇九六)という人が、金山寺の広教院でこれを重刻させました。(7) その重刻本を、今度は日本の僧侶が大宰府で出会った宋の柳裕という人を通して高麗から取り寄せ、日本の永長二年(一〇九七)に興福寺でその本を受け取ったといいます。(8)

つまり、高麗で刊行された重刻本が、刊行の八年後には早くも日本に伝来しているわけですが、その仲立ちとなった宋の柳裕という人は、おそらくは博多に拠点を持つ中国の貿易商人であったと思われます。

釈摩訶衍論通玄鈔

次に『釈摩訶衍論通玄鈔』ですが、こちらは『大乗起信論』の注釈書である『釈摩訶衍論』に対して遼の志福という人がさらに注釈を付したもので、それを義天が入手して遼の寿昌五年

（一〇九九）、高麗の粛宗四年に開京の興王寺で刊行しています。その高麗本を、今度は日本の大宰府の長官である藤原季仲《すえなか》という人が、仁和寺の禅定二品親王（覚行法親王）の仰せに依って高麗から請来《しょうらい》することになり、そこで長治二年（一一〇五）の五月中旬に、大宰府から「専使」を派遣してこれを受け取ってきた（奉請之）といいます。[9]つまり、刊行の六年後には早くも日本に伝来しているということです。その仲立ちとなったのは大宰府から派遣された「専使」ですが、こちらも実態としては博多の貿易商人たちであったと考えてよいでしょう。

華厳論節要

十二世紀以降、日本と高麗との交易は次第に衰退していったといわれています。[10]それは日宋貿易や日元貿易の発展によって、逆に高麗への関心が薄れていったためであるともいわれていますが、それでも高麗の文物は引き続き日本に伝来しています。

金沢文庫に伝来する『華厳論節要』がその証拠で、これは唐の李通玄という人が著した『華厳経』の注釈書を、高麗の知訥（一一五八～一二一〇）が編輯して丁卯年（一二〇七）に刊行したものです。それが日本に渡った経路は正確にはわかりませんが、永仁三年（一二九五）に円種という人がその写本に朱點を入れていますので、それより以前に日本に将来されていたことは確実です。ここでも高麗で刊行された書物が、割合と早くに日本に将来されていたことを確認

することができます。(11)

進奉船

このように高麗と日本との文物の交流が、中世において盛んに行われていたことはわかるのですが、その当時の交易の実態については、あまり詳しいことがわかっていません。『高麗史』元宗世家の四年（一二六三）四月甲寅条の記事によると、日本（対馬）から高麗（金海）へは年に一度、二艘の貿易船（いわゆる進奉船）が派遣されていたとのことですが、(12)その貿易船について、『大槐秘抄』の撰者である藤原伊通《これみち》（一〇九三〜一一六五）は、

——奇有の商人のただわづかに小物もちて渡るにこそ候めれ。

といっています。つまり、とんでもなくみすぼらしい商人たちが、ほんのわずかばかりの日用雑貨を持ち渡って交易しているにすぎないというのですが、(13)果たしてその実態はどうだったのでしょうか。『高麗史』などの官撰史料を見ても民間の商人たちの実態はよくわからないので、ここでは少し思い切って時代を下り、中世から近世初期にかけての日本の文学作品のなかからその手がかりを探ってみることにしましょう。

文学作品のなかの商人たち

もともと仏教の教理を民衆に語り聞かせた口承文学としての「説経（説教）」から発展したいわゆる「説経節《せっきょうぶし》」のなかに、「をぐり（小栗判官）」という作品がありますが[14]、そのなかに出てくる「かめかへ（かめがへ）の後藤」という商人は、主として薬の行商をしながら、

——きらい・高麗、唐へは二度渡る。日本は、旅三度巡った。

と称し、

——高麗ではかめかへの後藤、都では、三条室町の後藤、相模の後藤とは、それがしなり。

と名乗っています。

きらい・高麗の「きらい」は、一説には喜界島《きかいじま》のことと言われていますが、唐（中国）や高麗と並んで「きらい」という以上は、日本以外の外国のことでなければ話が通りません。契丹《きったん》のことを、西洋では「キタイ」といい、朝鮮語では「コラン（거란）」といいますが、一般に、t音がr音に変化することはよくある現象なので、いわゆる「きらい」は、ひょっとすると「きたい」の訛《なま》りであるのかもしれません。こちらはただの当てずっぽうですが、もう一つの「かめかへ」については、もう少し確実なことを申し上げることができます。

日本との交易の拠点であった金海の西隣、熊川に「熊浦」という入江が存在しますが、この「熊浦」を韓国語で訓読みすると、「こむけ（곰개）」、または「こむかい（곰가이）」となります[15]。おそらくはこれが訛って、いわゆる「かめかへ（かめがへ）」となったのでしょう。

近世に盛んに輸入された高麗茶碗、いわゆる「こもがい（こもがえ）茶碗」も、その語源は、すなわち「こむかい（熊浦）」にあると考えてよいようです。当時の貿易の拠点は熊浦の西隣の薺浦（乃而浦《ナイカイ》）に移っていましたが、商人たちの間では引き続き「こもがい」、すなわち「こむかい（熊浦）」の名で知られていた、ということなのでしょう。

ともあれ、中世から近世にかけて、博多や対馬に拠点をもつ日本の貿易商人たちは、「元寇」や「倭寇」の時代を挟みながらも盛んに朝鮮半島に渡って交易に従事していました。そうして、その姿が中世から近世初頭にかけて、文学作品のなかの「かめかへの後藤」として具象化されていった、と考えることができるでしょう。

「かめかへの後藤」は全国を渡り歩いて都の貴族や地方の土豪たちに薬などの輸入品を売り捌いている行商人です。そうした行商人たちの姿は、『大槐秘抄』の撰者（藤原伊通）のような都の貴族の目からみれば、

――奇有の商人のただわづかに小物もちて渡るにこそ候めれ。

というふうに、卑しく、みすぼらしく見えたにちがいありません。しかし、そうした貿易商人、ないし行商人たちの存在こそが、韓書や漢籍に関する情報をそれぞれの国の顧客たちにいち早く伝達し、顧客たちのもとに商品（書籍）を届ける最も重要な媒介者の役割を果たしていたのです。

三　近世の交流

いわゆる「元寇」と「倭寇」とによって杜絶した日本と高麗との交流も、高麗末から朝鮮初期にかけて、いわゆる「倭寇」の懐柔をとおして次第に正常化されていきます。その中心となったのが対馬の勢力であり、その対馬を通して近世の日本（江戸幕府）が盛んに朝鮮との交易を行っていたことはよく知られています。その交易品の一つが、いわゆる「韓書」や「漢籍」でした。

近世の日本では元禄年間、および化政（文化・文政）年間を中心として出版文化の隆盛期を迎え、多くの和刻本漢籍が刊行されています。そのなかには朝鮮経由の和刻本、すなわち朝鮮本漢籍を底本とする和刻本も少なくありません。ここではその代表例として、『詩人玉屑《しじんぎょくせつ》』、『剪燈新話《せんとうしんわ》』、および『論語集解《ろんごしっかい》』の三点を紹介することにします。

『詩人玉屑』

『詩人玉屑』は南宋時代の詩評（漢詩の評論）として知られ、日本でも江戸時代に翻刻されて広く読まれていました。いわゆる和刻本漢籍の一つですが、その底本は実は朝鮮本で、しかもその朝鮮本の底本は日本の五山版なのです。

その経緯を巻末の記事（奥書、跋文）によってたどると、第一には、日本の五山僧である玄《げん》恵《え》がテキストに「批点句読」を加えたことを示す「「正中改元臈月下浣、洗心子　玄恵誌」との本奥書（底本の奥書）があり、第二には「正統己未冬十一月日」の日付をもつ「忠清道都観察黜陟使」の「尹炯」[16]による跋文と刊記があり、そうして第三には、これらの底本の情報をそのままに翻刻した各種の和刻本の刊記があります。[17]

これによると、最初に「唐本」を入手した玄恵がこの本に「批点句読」を加え、次にそれを底本とする日本の五山版が出版され、次にその五山版が朝鮮に渡って朝鮮の清州牧で翻刻され、さらにその朝鮮本が日本に里帰りして和刻本漢籍として翻刻された、ということになるでしょう。この和刻本の底本となった朝鮮本（図版①②）については、『経籍訪古志』集部、詩文評類に次のようなコメントが載せられています。

——跋文から考えるに、この本は朝鮮の臣下（韓臣）が国王（国主）の命令を奉じて、玄恵の校本に依拠して刊行したのである。いったい、我が国（皇国）に伝来する典籍で、近年、海外に流伝したものは、わずかに数タイトルのみ。正中《しょうちゅう》年間といえば、今を去ることほとんど五百三十餘年の昔であるのに、この書は（明の）正統《せいとう》の初めに、朝鮮の人（韓人）が早くも刊行しているとは、なんとも珍しいことではないか。

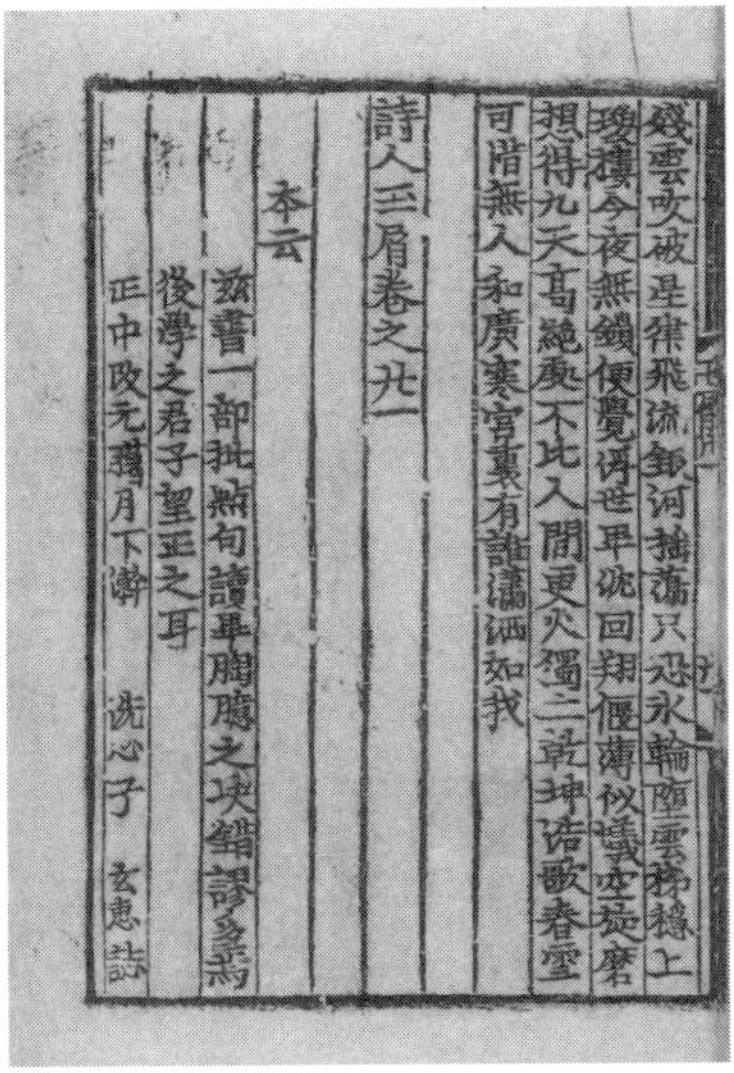
殘雲吹破星律飛流銀河抽蕩只恐氷輪墮雲梯穩上
瓊樓今夜無錢便覺渾世界流回翔優薄似蟻旋磨
想得九天高絶處不比人間更火獨二乾坤諳歌春臺
可惜無人和廣寒宮裏有誰瀟灑如我
詩人玉屑巻之廿一
本云
此書一部批點句讀畢胸臆之決錯謬多焉
後學之君子望正之耳
正中改元穐月下澣　洗心子　玄恵誌

図1　『詩人玉屑』朝鮮本、玄恵識語
（正統刊本、国立公文書館蔵）

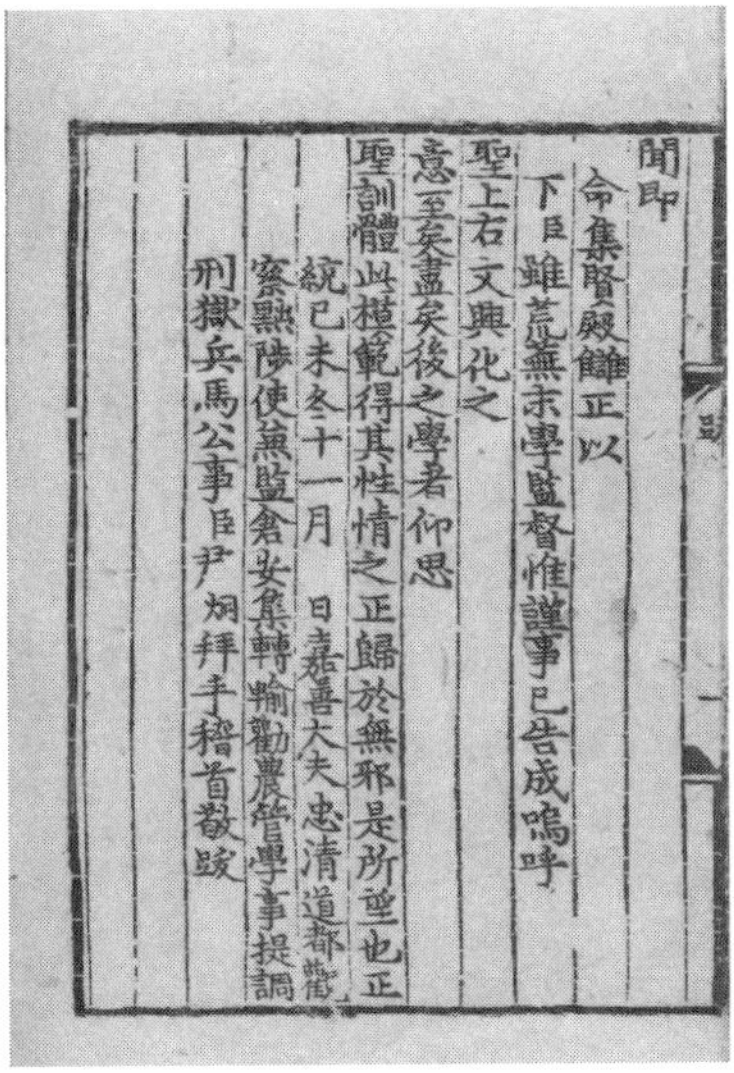
聞即
命集賢殿讎正以
下臣雖荒蕪不學監督惟謹事已告成嗚呼
聖上右文興化之
意至矣盡矣後之學者仰思
聖訓體此模範得其性情之正歸於無邪是所望也正
統己未冬十一月　日嘉善大夫忠清道都觀
察黜陟使兼監倉安集轉輸勸農管學事提調
刑獄兵馬公事臣尹炯拝手稽首敬跋

図2　『詩人玉屑』朝鮮本、尹炯跋
（正統刊本、国立公文書館蔵）

ここで「正統」というのは中国の明朝の年号ですが、朝鮮は明に服属してその正朔を奉じており、このため朝鮮でも明の正統の年号を用いていました。それはともかく、ここで『経籍訪古志』の撰者たち（渋江抽斎、森立之）が、「なんとも珍しいことではないか」といっているのは、日本から外国（中国・朝鮮）に伝わった漢籍——いわば逆輸入された漢籍——が、すでに五百年前に存在していたという事実に対する、江戸時代末期の人々の素朴な驚きと自負心の表出にほかなりません。

日本は決して漢籍を受容するだけの存在ではなく、それを咀嚼して外国（中国・朝鮮）に輸出するだけの高い学識を、古くから備えていた国であったのだ、というわけです。

ともあれ、中国から日本、日本から朝鮮、そしてまた朝鮮から日本へと伝わったこの『詩人玉屑』の

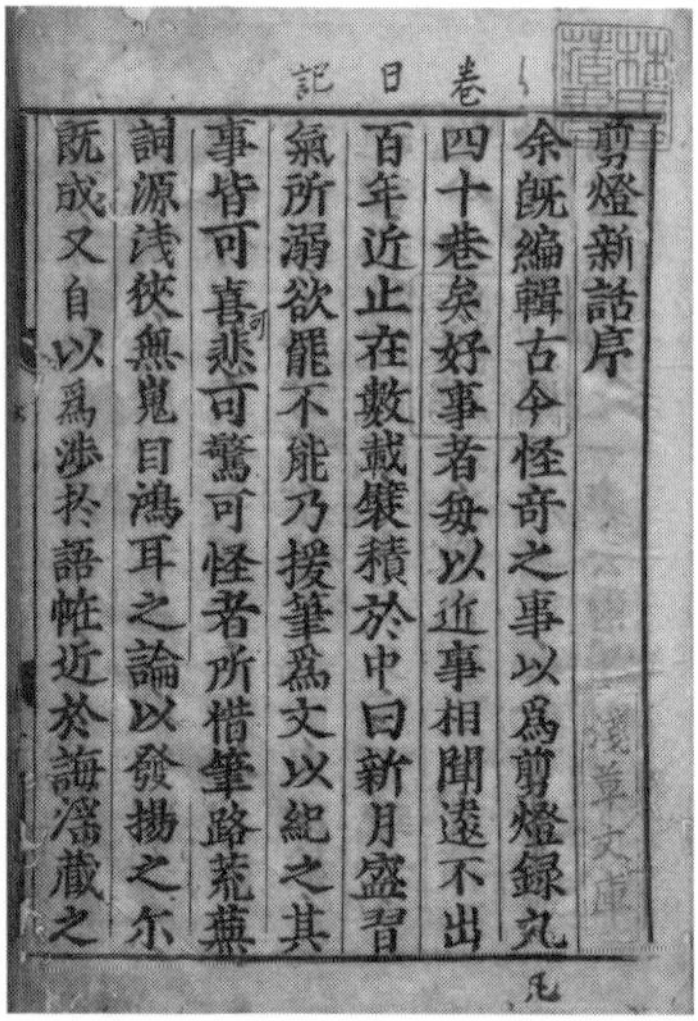
剪燈新話序
余既編輯古今怪奇之事以爲剪燈録凡
四十卷矣好事者每以近事相聞遠不出
百年近止在數載襃積於中日新月盛習
氣所溺欲罷不能乃援筆爲文以紀之其
事皆可喜可悲可驚可怪者所惜筆路荒蕪
詞源淺狹無嵬目鴻耳之論以發揚之尓
既成又自以爲渉於語恠近於誨淫藏之

図3　『剪燈新話句解』慶長・元和間古活字本、序（林氏旧蔵本、国立公文書館蔵）

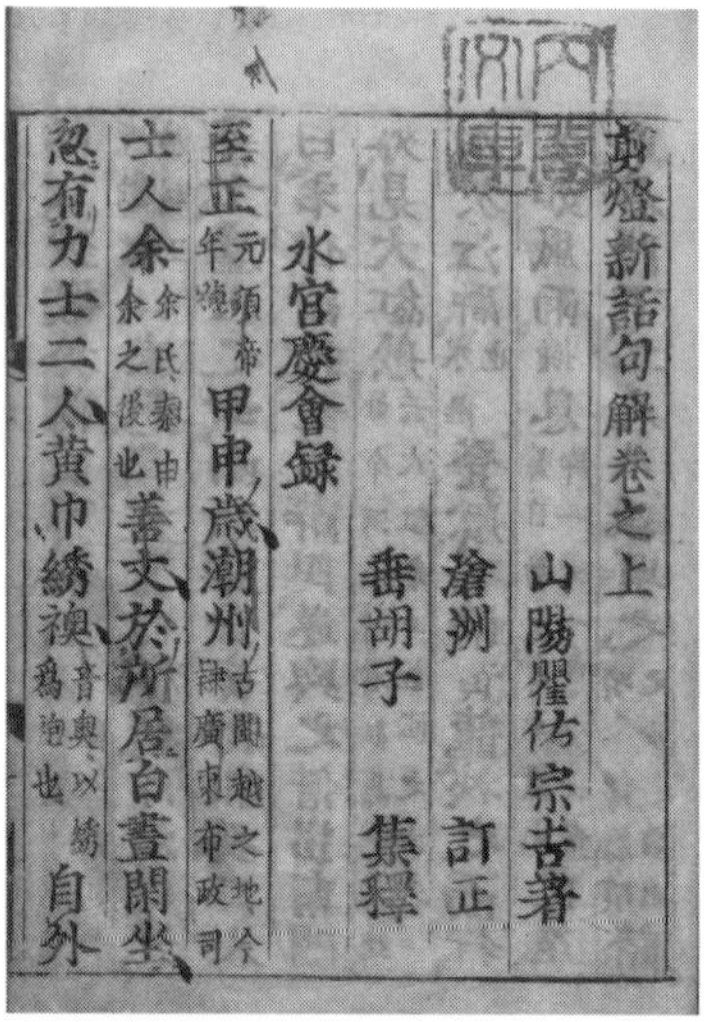
剪燈新話句解巻之上
山陽瞿佑宗吉著
滄洲　訂正
垂胡子　集釋
水宮慶會録
至正元順帝年號甲申歳潮州古閩越之地今隷廣東布政司
士人余余氏泰由余之後也善文於所居白晝閑坐
忽有力士二人黄巾繍襖音奥以綿為袍也自外

図4　『剪燈新話句解』慶長・元和間古活字本、巻上（林氏旧蔵本、国立公文書館蔵）

和刻本は、東アジアの三国にまたがる漢籍の交流の歴史を、なにより雄弁に物語ってくれているのです。

『剪燈新話』

『剪燈新話』は中国の文言体の怪異小説集で、作者は明《みん》の瞿佑《くゆう》。怪談『牡丹灯籠』の原作、といったほうがわかりやすいかもしれません。こちらも江戸時代には日本で広く読まれていましたが、今、慶長・元和間の古活字本（林氏旧蔵）を見ますと、巻頭に「滄洲訂正」、「垂胡子集釈」とあります（図版③④）。このうち、滄洲は朝鮮の尹春年（一五一四〜一五六七）、垂胡子は朝鮮の林芑のことで(18)、いずれも後世の道学派からは評判の悪い人物ですが(19)、当時は詞章の学に秀でた文人として名声を博していました。

なかでも、林芑は中国や朝鮮で用いられていた「吏文」――特殊な用語と様式とを用いた漢文体の行政文書[20]——の名手として「漢吏学官（漢語・吏文学官）」に任命されており、『剪燈新話』についても四字句を多用したその文体から、朝鮮では吏文の教科書として広く読まれていたといいます。[21] 日本で翻刻された『剪燈新話（剪燈新話句解）』は、この吏文学官として名高い林芑が注釈（句解）を施し、尹春年が監修（訂正）した朝鮮本を底本としたものなのです。

ところが本家本元の中国では、この『剪燈新話』は欠本しか伝わっておらず、清末になって日本から和刻本が逆輸入され、誦芬室（董康、一八六七～一九四七）がこれを翻刻して、再び広く読まれるようになったといいます。[22] ここでも中国の本が朝鮮に伝来し、そこで翻刻された朝鮮本が日本に伝来し、さらに日本で翻刻された朝鮮本漢籍の和刻本が、本家本元の中国に逆輸入されていくという、面白いサイクルを確認することができます。

『論語集解』

中国・朝鮮・日本の三国を跨いで書籍の交流が行われていたことの実例として、もう一つ、藤塚鄰《ふじつかちかし》氏によって紹介された『論語集解』の事例を取り上げてみることにしましょう。

清朝の書誌学者・銭曽《せんそう》（一六二九～一七〇一）の『読書敏求記』にみえる「高麗本」の『論語集解』は、実は高麗本ではなく日本の和刻本漢籍の鈔本で、底本の刊記には、「堺浦道祐居士、重新命工鏤梓、正平甲辰五月吉日、謹誌」と記されています。「正平《しょうへい》甲辰」は南朝・後村上天皇の正平十九年（一三六四）。堺浦道祐《どうゆう》居士とは足利朝氏の第四子（名は祐）が出家して道祐と名乗り、堺浦西本願寺別院の祖となった、その人のこと（『経籍訪古志』巻二、経部四書類）。銭曽の『読書敏求記』によると、この道祐が刊行した和刻本が、いったん朝鮮に渡り、その鈔本（写本）を中国の蕭応宮というひとが「軍を朝鮮に監した（監軍朝鮮）」時、つまり壬辰・丁酉の倭乱の際に中国に持ち帰ったといいますが、その朝鮮由来の写本を蕭氏の子孫から銭曽が購入し、これを「一の珍珠船」を得たかのように喜んだといいます。

銭曽はこれを高麗本、それも唐代の写本に基づく由緒あるものと勘違いしているのですが、実際には日本から朝鮮半島へと伝わった和刻本に基づく朝鮮人の写本でした。ここでも、東アジア三国における漢籍の交流の一端、それも壬辰倭乱に関わる交流の一端を窺うことができます。

『辺例集要』

このように、近世に入ると朝鮮と日本との交流はますます盛んになり、それにともなって韓書や漢籍が朝鮮から日本へと数多く伝来するとともに、その一部は日本から朝鮮へ、さらには中国へと逆方向にも伝来していくことになります。そうして、このように書籍の流通が活発になると、反対にその流通に制限をかける動きもみられるようになります。ここではその実例として、当時の朝鮮の為政者たちが行った書籍の輸出の制限事例についてみていくことにしましょう。

『辺例集要』は朝鮮の対日貿易の拠点であった東萊府の備え付け史料ですが、(23) そのうち、巻十二の「求貿」の項によると、このころ対馬が朝鮮に対して交易の許可を求めていたのは「薬材」と「書籍」で、これらは主として江戸幕府に献上するために、特に朝鮮からの上等品を求めたものと思われます。

このうち、薬材については省略に従い、漢籍についてみると、『四書大全』、『五経大全』、『性理大全』、『二程全書』、『周張全書』、『朱子大全』、『朱子語類』、『儀礼経伝続通解』などの儒学書、『東医宝鑑』、『医林撮要』、『医学正伝』、『和剤局方』などの医学書、『剪燈新話』、『蘇東坡詩集』、『楊誠齋集』などの文芸書が主なもので、これらは特に問題なく交易が許可されています。

もっとも、儒学の聖典である「十三経」のうちの『公羊伝』、『穀梁伝』、『爾雅』については「板本がない」、すなわち版木がないとの理由で不許可となっています（粛宗十七年辛未条）。これらは朝鮮ではそれほど読まれていなかったために、刷り本はもとより、版木それ自体が存在していなかった、ということなのでしょう。事実、朝鮮後期においては五経のうち、易・書・詩の三経のみが読まれて、礼・春秋はほとんど読まれなくなっています。(24) 礼については『朱子家礼』や『四礼便覧』などの実用的な礼学書、春秋については『十八史略』を増補した『十九史略通攷』などの簡便な歴史書が、それぞれの需要を代替していた、ということなのでしょう。

一方、書籍の内容のうえから日本への輸出が禁じられた本もあります。具体的には、『李退渓集』と『東文選』とが不許可となっていますが（粛宗五年己未条）、その理由はこれらの詩文集のなかに慶尚道方面の地理情報が多く含まれていたためなのでしょう。日本の人々は、朝鮮朱子学に対する純粋に学問的な関心からこれらの書物を求めているわけですが、朝鮮のほうではこれを一国の安全保障という、軍事的な観点から拒絶していた、というわけです。

一体、歴史書や地理書には軍事的な情報が必然的に込められているので、中国でも「史書」は輸出が禁じられています。同様に、朝鮮でもこれらの輸出は禁止されていましたが、実際には対馬を通して秘密裏に日本国内に持ち込まれ、しかも日本国内で翻刻されて普通に流通しています。[25] なかでも、壬辰倭乱（文禄の役）の経緯を赤裸々に記した柳成龍（一五四二〜一六〇七）の『懲毖録《ちょうひろく》』は、日本でも翻刻されて広く流通していました（図版⑤⑥）。主権の及ばない外国でのこととはいえ、朝鮮としてもこの事態をこのまま見過ごすことはできません。

書冊の禁

粛宗三十八年（一七一二）四月、朝鮮国王のご進講（経筵）の席で、呉命恒という学者がこの

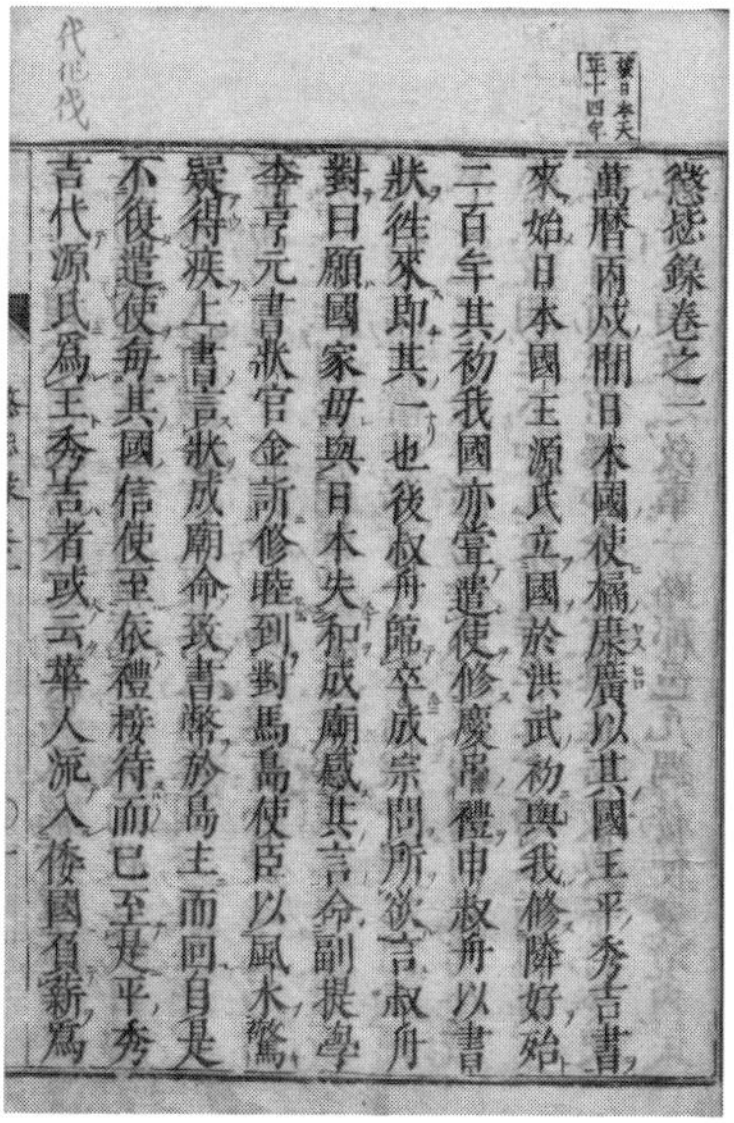

懲毖錄卷之一

萬曆丙戌間日本國使橘康廣以其國王平秀吉書來始日本國王源氏立國於洪武初與我修隣好殆二百年其初我國亦嘗遣使修慶弔禮申叔舟以書狀往來即其一也後叔舟臨卒成宗問所欲言叔舟對曰願國家毋與日本失和成廟感其言命副提學李亨元書狀官金訢修睦到對馬島使臣以風水驚疑得疾上書言狀成廟命致書幣於島主而回自是不復遣使每其國信使至依禮接待而已至是平秀吉代源氏爲王秀吉者或云華人流入倭國負薪爲

図5　『懲毖録』和刻本、巻頭
（元禄刊本、国立公文書館蔵）

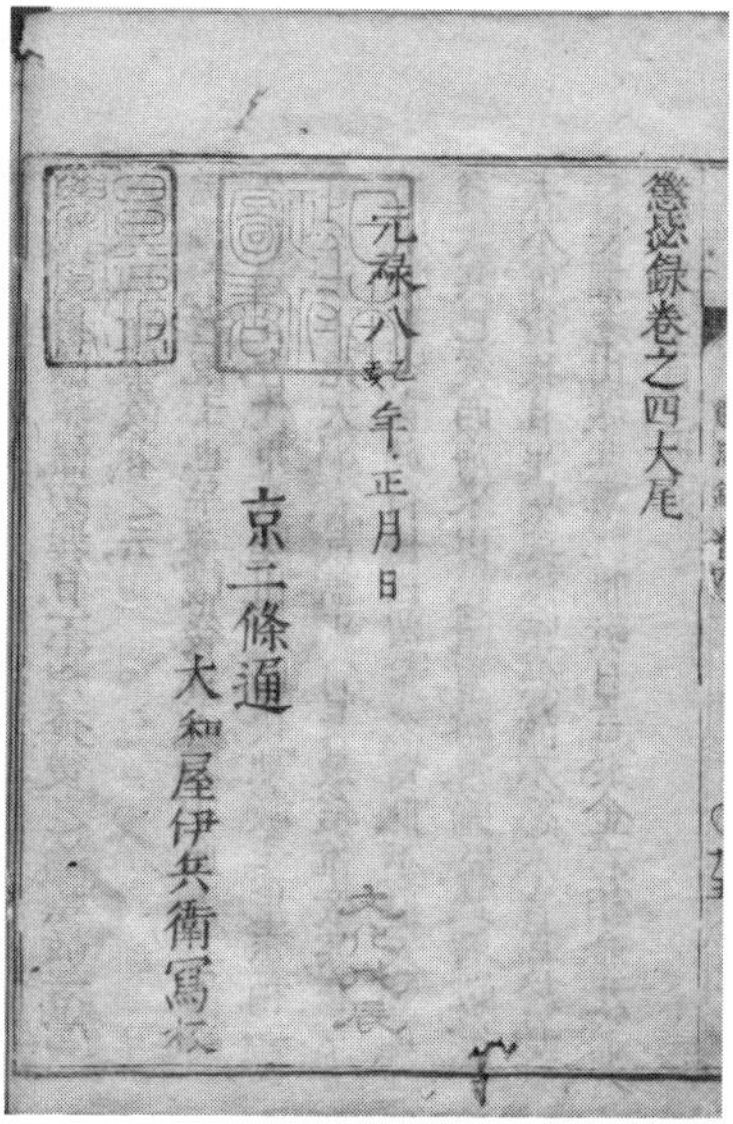

懲毖錄卷之四大尾

元祿八乙亥年正月日

京二條通　大和屋伊兵衛寫板

図6　『懲毖録』和刻本、刊記
（元禄刊本、国立公文書館蔵）

問題について意見を述べています。

——通信使から聞いたところによると、我が国の柳成龍の著書『懲毖録』が、倭国に流入しているとのこと。まったく驚くべきことです。厳しく取り締まりの法を設けて、特別に禁止すべきです。

翌月、この問題が大臣たちによって検討され、

——中国伝来の書籍については一律に禁止すべきではありませんが、〔我が国の〕歴史書や文集などについてはすべて厳禁とし、密輸出（潜売）の律によって罪を論じて〔死刑とし〕、特に問題のない書物については、事情を参酌して次律（流刑）で論じることにすれば、よいようです。

との意見が出され、これを受けて国王は、

——中国の書冊はさておき、我国の文籍についてはすべて厳禁とし、発覚すれば、罪の軽重に従って量刑せよ。

図 7　『隠峰野史別録』和刻本、封面（嘉永刊本、京大人文研蔵）

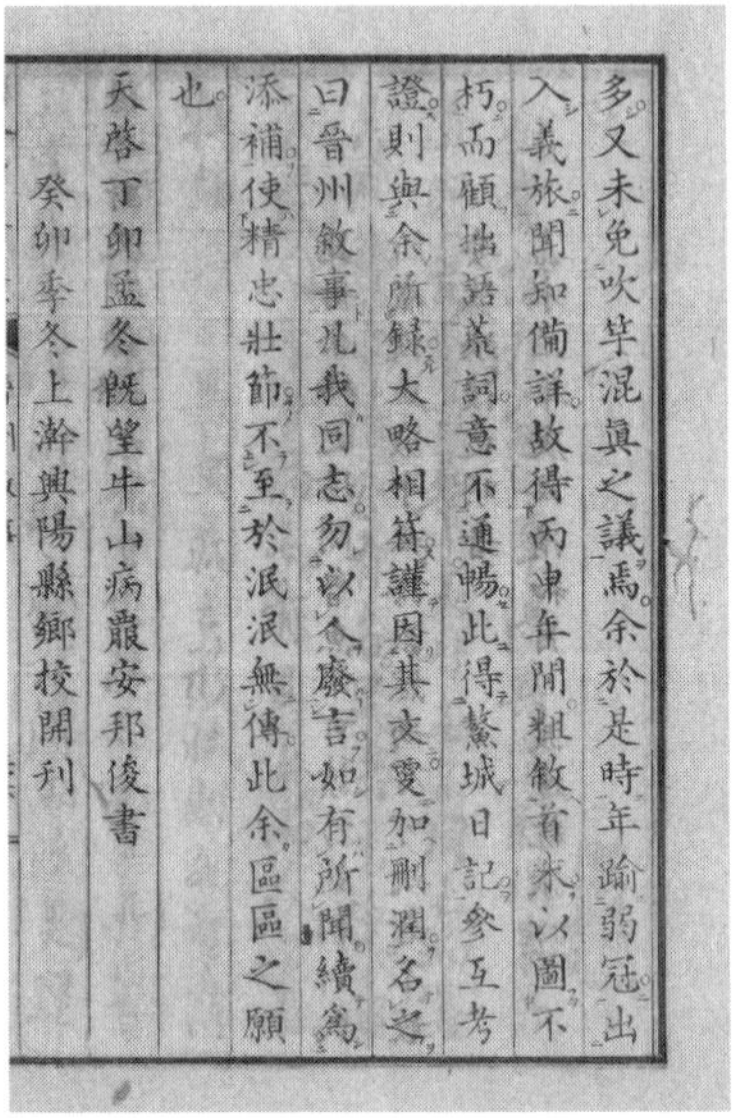
多又未免吹竽混眞之譏焉余於是時年踰弱冠出入義旅聞知備詳故得丙申年間粗敍首末以圖不朽而顧拙語蕪詞意不通暢此得鰲城日記參互考證則與余所録大略相符謹因其文更加刪潤名之曰晉州敍事凡我同志勿以人廢言如有所聞續寫添補使精忠壯節不至於泯泯無傳此余區區之願也

天啓丁卯孟冬既望牛山病叟安邦俊書

癸卯季冬上澣興陽縣鄕校開刊

図 8　『隠峰野史別録』和刻本、原刊記（嘉永刊本、京大人文研蔵）

との結論を下した。『備辺司謄録』（第六十四冊、粛宗三十八年五月二十四日条）に記録されたこの王命（伝教）は、国政上の重要案件を議論する備辺司からの関文（同格の官庁への照会文）によって、現場の東萊府にも伝達されています（『辺例集要』巻五、約条、壬辰五月）。

とはいえその対策は、もはや手遅れだったようです。たとえば、安邦俊の著書『隠峰野史別録』――これは『懲毖録』と同様、壬辰倭乱のときの朝鮮の内情を詳しく記録したもの――の原本は、明の天啓《てんけい》丁卯（一六二七）に撰述され、その後「癸卯季冬上澣」（一六六三）に全羅道・興陽県の郷校で刊行されていますが、日本にも早くから伝わっていたようで、その朝鮮本を底本として、嘉永己酉（一八四九）仲冬には日本でも「有乎爾斎《あおにさい》」から翻刻されています（図版⑦⑧）。

その間には上述のとおり、粛宗三十八年（一七一二）の「書冊の禁」も下されているわけですが、結局はそれも手遅れで、おそらくはそれより以前に、すでに『隠峰野史別録』の原本は日本に伝わっていたのでしょう。

李瀷のコメント

李瀷（星湖、一六八一〜一七六三）は朝鮮の英祖（粛宗の子）の時代の在野の学者で、党派としては南人に属しますが、彼は韓書が日本に伝わったこととは逆に、韓書の和刻本が対馬を経由して朝鮮に盛んに逆輸入されていたことをも指摘しています。

——日本は島国とはいえ、長い歴史をもち、典籍もすべてそろっている。『性理字義』や『三韻通考』などの中国書は、わが国では倭から入手しており、さらには我が国の『東国李相国集』についても、国内ではすでに散佚したものが、倭から伝来して刊行されているのである。いったい、和刻本（倭板）の文字は、皆字画が整っており、わが国の本とは比べ物にならない（ほどに優れている）。その（勤勉な）風俗を窺うことができよう。（『星湖僿説《しせつ》類選』巻十七、人事門、日本忠義）(26)

李瀷は日本における「王政復古」を予見したことでも知られており、概して日本に対しては好意的な見解を示しています。ただし、朝鮮の典籍が日本に伝わり、朝鮮国内ではいったん亡びかけたそもそもの原因が、主として壬辰倭乱にあることを思えば、日本に朝鮮の珍しい典籍が多いからと言って、あながち自慢してばかりはいられません。

四　近代の交流

同じく東アジアの漢字文化圏に属し、韓書や漢籍を媒介として古くから文化交流を行ってきた朝鮮と日本は、近代にはいってその進路を異にし、一方は帝国主義の道を歩んで植民地支配に乗り出し、一方はその支配に屈して植民地に転落しました。その分岐点はどこにあったのか。月並みな答えではありますが、やはり「西洋の衝撃（Western Impact）」に対する対応の如何が両国の進路を大きく変えたものということができます。

もともと中央集権（郡県制）の国家である朝鮮国は、近代化のうえでも君主権の強化による「上からの近代化」に着手する充分な素地をもっていたとはいえるのですが、その内実においては貴族勢力（いわゆる両班《ヤンバン》）がそれぞれの既得権を保持しており、伝統的な秩序を変革することには大きな困難が伴っていました。

それに対し、地方分権（封建制）の国家であった日本は、封建制の内部で成長しつつあった下士・土豪の勢力を「王政復古」のもとに再編し、既存の秩序を大胆に変革して「上からの近代化」を達成しますが、今日から見ますと、その過程で失われたものも少なくはありませんでした。伝統文化の軽視もその一つです。

明治以降、日本国内では見捨てられた漢籍の多くが、かえって中国に逆輸入され、中国における「国学」の発展の刺激となったことはよく知られています（楊守敬『日本訪書志』）。また植民地に転落した朝鮮では、両班家門の伝承してきた韓書や漢籍の多くが市場に放出され、その多くが日本に流れて、今日、国内の大学図書館や公立図書館に数多く収蔵されています。

京大人文研蔵『名山蔵』は、そうした流出漢籍の一つで、これはもともと清風金氏の金基大という人が架蔵していた漢籍を、京城帝国大学の中国語講師であった魏建功という人が京城で入手して中国に持ち帰り、それを東方文化学院京都研究所が來薫閣を経由して購入して、今日、北白川の研究所の書架に収めているという、面白い来歴の本です。

この本に捺された蔵書印については、すでに前回のセミナーで紹介していますが、その後、気の付いたことを申し添えておくと、これと同じ金基大の印は、韓国・ソウル大学校奎章閣韓国学研究院から刊行された『奎章閣図書蔵書印譜』の第二輯、一九九頁の『列朝詩集』にも見出すことができます。

むすびにかえて——これからの交流

本国で亡佚した各種の文化財が、かえって日本のほうに多く伝存しているという事実は、今日の韓国・朝鮮の人々にとっては、あまり面白いことではないにちがいありません。文化財についていては、その伝来の経緯を問わず、すべてそれを生み出した土地、環境のもとに戻すべきであるという、きわめてラディカルな主張をする方々もおられますが、すくなくとも古典籍については、もともと商品として、それを求める人々のもとへ流伝していくというのがその本性ですので、今日の国境線をもってその帰属を論じること自体には、あまり意味はないように思われます。

それよりはむしろ、一つの古典籍を媒介として、古くから東アジアの人々が交流し、互いの文化を高めあってきたという事実に思いを馳せ、それぞれの国に伝来する自国の、また他国の文化財を、互いの交流の糧としていくことのほうが、いっそう重要なのではないでしょうか。

いわゆる「過去の不幸な歴史」を通して、韓国・朝鮮と日本の間には、今も困難な課題が多く積み残されています。しかし、いまや多くの「先進国病」を共有する韓国と日本との間においては、むしろ未来社会への課題を共有するもの同士として、ともに取り組んでいかなければならない差し迫った問題が少なくありません。そうした問題の解決にともに取り組んでいくその先にこそ、韓国・朝鮮の人々の願いである民族の統一や、延いては東アジア世界の安定が実現されることを、一人の日本人として私も強く祈念しております。

古代から連綿として続けられてきた韓書・漢籍を媒介とする東アジア三国の交流の歴史をひもといてきた本講演が、そのための一つのヒントともなれば幸いです。

【参考文献】

大屋徳城『高麗続蔵雕造攷』（便利堂、一九三七年）
藤塚鄰『日鮮清の文化交流』（中文館書店、一九四七年）
藤本幸夫『日本現存朝鮮本研究（集部）』（京都大学学術出版会、二〇〇六年）
同『日本現存朝鮮本研究（史部）』（東国大学校出版部、二〇一八年）
松田甲『日鮮史話』（復刻版、原書房、一九七六年）
森鷗外『渋江抽斎』（改版、岩波書店、一九九九年）

注

（1）『漢籍の遥かな旅路―出版・流通・収蔵の諸相―』京都大学人文科学研究所附属東アジア人文情報学研究センター編（二〇一八年三月、東京、研文出版）

（2）橋本繁「金海出土『論語』木簡と新羅社会」（『朝鮮学報』第百九十三輯、二〇〇四年十月、天理、朝鮮学会）

(3)『三国史記』巻十、元聖王四年条。同巻三十八、職官志、国学条。

(4) 大屋徳城『高麗続蔵雕造攷』(便利堂、一九三七年)、船山徹「漢籍仏典」(『漢籍はおもしろい』京大人文研漢籍セミナー1所収、二〇〇八年三月、東京、研文出版)等を参照せよ。

(5)『韓国金石全文』中世上、所収(一九八四年、ソウル、亜細亜文化社刊)。

(6)「官勝私楮」については、『新唐書』巻一百九十八、儒学伝上に、「禄山之禍、両京所蔵、一為炎埃、官勝私楮、喪脱幾尽。」とあり、「重購求書」については『新唐書』巻一百二、令狐徳棻伝に「方是時、大乱後、経籍亡散、秘書湮缺。徳棻始請帝、重購求天下遺書、置吏補録。不数年、図典略備。」とある。金富軾は、おそらくは欧陽脩の『新唐書』の文章を下敷きにしているのであろう。

(7)『阿弥陀経通賛疏』韶顕題「此慈恩所撰『阿弥陀経通賛』一巻者、祐世僧統、於元豊・元祐之間、入于中華、求得将到、流通之本也。予助洪願、付於広教院、命工重刻」。

韶顕の事績については、許興植編著『韓国金石全文』(一九八四年、ソウル、亜細亜文化社刊)中世上、二三一、金堤金山寺慧徳王師真応塔碑を参照せよ。

(8) 同右、奥書「件書等、予以嘉保二年孟冬下旬、西府即会宋人柳裕、伝語高麗王子義天、誂求極楽要書・弥陀行願相応経典章疏等」。詳細は大屋前掲書を参照せよ。

(9)『釈摩訶衍論通玄鈔』奥書「高麗国大興王寺、奉宣雕造。正二位行権中納言兼太宰帥藤原朝臣季仲、依仁和寺禅定二品親王仰、遣使高麗国請來、即長治二年乙酉五月中旬、従太宰差専使奉請之」。詳細は大屋前掲書を参照せよ。

(10) 近藤剛『日本高麗関係史』(二〇一九年、東京、八木書店)二三五~二三七頁を参照せよ。

(11)『金沢文庫の名宝』(奈良国立博物館、二〇〇五年)、図版八七、及び解説を参照せよ。

(12)『高麗史』巻二十五、元宗世家、四年条

(13) 近藤剛、前掲書、二一九頁の釈文、及び解釈による。

（14）『説経集』新潮日本古典集成（新装版、二〇一七年）

（15）『訓蒙字会』の「浦」字の訓に、「개」とある。また『朝鮮物語』巻一、「朝鮮国由来の事」の冒頭に見える「釜山浦」に「ふさんかい」とルビを振るので、「浦」は古くは「かい」と読んだのであろう。

（16）尹炯は坡平の人。「九城の役」で知られる高麗睿宗朝の宰相・尹瓘の十六世の孫。

（17）『詩人玉屑』（一九七八年、上海古籍出版社）の校勘記の附録を参照せよ。

（18）松田甲「剪燈新話句解に就いて」（『続日鮮史話』第二編、一九三一年。覆刻本、一九七六年、東京、原書房）。

（19）『栗谷全書』巻十、経筵日記一、隆慶元年（宣祖即位年）十月条　尹春年卒。春年為人軽薄自信、其学甚駁、掇拾佛老緒餘、以自張大、自称得道。且自謂深曉音律。又曰、見人数句短篇、亦可知其人賢否、寿夭貴賤云。初附尹元衡、撃去尹元老、以此驟至大官。……及元衡敗、春年貶帰郷里、熱中飲冷、発病而死。

『栗谷全書』巻二十九、経筵日記二、萬暦四年丙子（宣祖九年）七月条　林芑有罪、両司請治罪。不允。芑是庶孼、能文、初授漢吏学官（漢語・吏文学官）。性陰険喜事、随金澍奏請改宗系事、以功授堂上職。毎僥倖朝廷有事、得以発身。至是、窺上意厭士類、又欲追崇徳興君、故乃呈疏于政院。其意大槩、以「為人後者、為之子」之論、為非聖人之法。主上当為徳興之子、極其尊崇。且論仁廟之主、不当在文昭殿。且詆士習読『心経』、『近思録』、釣名、以長虚偽之風。且多建書院、貽弊民間。至以程子為得偽学之名、乃自取也。云云。都承旨鄭琢、与芑有旧。知芑疏若上、必得罪。故還送芑家、使之改製。芑雖改製、去其太甚之説、而猶多悖語。政院不敢啓、留其疏。疏語多伝播。

（20）吏文については拙稿「朝鮮時代における漢語・吏文の習読について」（科研費報告書『中国における通俗文学の発展及びその影響』所収、二〇〇一年）を参照せよ。

（21）『五洲衍文長箋散稿』巻四十七、剪燈新話辨證説　今閭巷里胥輩所専習者、有『剪燈新話』一書、以為読此、則嫺於吏文云。……

(22)『剪燈新話』前言（上海古籍出版社、一九八一年）

(23)『辺例集要』上・下（影印本）、韓国史料叢書第十六、韓国・国史編纂委員会、一九六九年

(24)『鏤板考』巻二、経部、総経類の、「周易大全、書伝大全、詩伝大全、大学大全、論語大全、孟子大全、中庸大全」の項に、「旧併礼記・春秋、謂之五経四書大全。我東刻本、僅止三経四書、又闕庸学或問」とある。

(25)『粛宗実録』巻十三、粛宗八年七月丙辰条　通信使尹趾完等馳啓以為、使臣一行、前月十八日発行、二十四日到対馬島。島主設宴接待、書送別紙一幅、故謄書輸上。其別幅中措語凡五条、皆厳飭一行之意、而其中筑前州潜商書籍一款、雖未知実状如何、而事極驚駭。其条曰、「戊申己酉間、我国筑前州豪民偽船、潜通貴国、貿易禁物、其黨数十人、事覚尽就磔刑。家資鉅萬、没輸官庫。其中貴国載籍亦多」云。嘗『東国通鑑』刊行于世、且聞蔵『輿地誌』暨『大典』等書于官庫。想今番東都留住之日、或俾侍講官、就證諸疑矣。然則要須答以情実。若其及盛朝、関係国禁者、不所憑托之限。（＊盛朝は本朝（朝鮮）の意）

(26)『星湖僿説類選』巻十七、人事門、日本忠義　日本雖居海島、開国亦久、典籍皆具。陳北渓『性理字義』、『三韻通考』、我人従倭得之。至於我国之『李相国集』、国中已失、而復従倭来、刊行于世。凡倭板文字、皆字画斉整、非我之比。其俗可見。

行きて帰りし書物

――漢籍の往還をめぐって――

永田知之

はじめに

本書や本シリーズの表題が含む「漢籍」という言葉の定義には、様々な考え方があり得る。確かに、中国人が古典中国語で著述・訳出した書籍を概ね指す点は、いかなる立場でもそう異なるまい。ただ著者・訳者が帰属する国家を問うかは、見解に差が生じる。日本人が古典中国語の一種文言《ぶんげん》（日本でのいわゆる漢文）で著した書籍が日本の図書館等で「漢籍」と称されることは、まず多くはないはずだ。日本人からすれば、和書なのだから当然と思われるかもしれない。だが日本国外の機関で、そのような書物が中国人の手に成る「漢籍」の付録めいた位置に並べられる事態は、そう珍しくもなかろう。

また日本の所蔵機関でも、日本人・中国人以外が古典中国語で著した書籍をどう扱うか、決まった方針があるわけではない。長い交流の歴史を通じて、日本には文言で書かれた朝鮮の書籍は少なからず伝わる。それらは量の多さもあって、一般には「漢籍」の外に置かれる。これに対してベトナム人や十六世紀以降、中国を訪れたヨーロッパ人の文言による著述や洋書の中国語訳はどうであろうか。「漢籍」に組み込む機関が多い一方で、まとまった蔵書があれば「漢籍」とは別に扱う例も相応に見出せる。

また内容は確かに中国人の著述だが、中国の領域外で書写・印刷された書籍をどう扱うかという問題もある。日本では唐本《とうほん》と呼ぶ、中国で作られた書籍のみを「漢籍」と見做す定義も、もとより成り立つであろう。だが日本の場合、唐本以外を排除すると、江戸時代に刊行された膨大な和刻本《わこくぼん》の位置付けに困難が生じる。返り点及び送り仮名など日本人が手を加えた箇所はあるにせよ、和刻本は一般に中国書の翻刻と考えられる。中国文化の摂取に多大な役割を果たした和刻本を漢籍と捉えるか否かで、日本に伝わる漢籍の数量は大きく変化する。従って漢籍の定義は、やはり内容による方が穏当だと思われる。

こう考えられる別の理由として、中国で著された後に本国で失われたが、周辺の諸国に残っている書物の存在がある。後述のとおり、そのような書物が中国へ逆輸出され、そちらで翻刻された例は少なくない。もし書写・刊行された土地が漢籍の要件となれば、日本などに伝わっていた本は非漢籍だが、それに基づいて中国で刊行された方は漢籍という、矛盾とも思われる事態が生じる。これを避けるためにも、書写・刊行の場には拘らない方がよいだろう。

さて当然ながら、我が国に伝わる漢籍の中でも、唐本はみな「日本への旅路」をたどった経験を持つ。中国から日本へ、これらの書物がもたらされる様子を奔流と表現するならば、反対の動き—先に触れた逆輸出—は、限られた規模でしかない。しかし奔流に比べれば、ごく稀にしても、中国から日本へ、そしてまた中国へという漢籍の還流は、確かに存在したし、現に存在する。小文では、その還流という現象の中より若干の例を取り上げて、そこから見える事柄を考えたい。

一　還流の始まり

日本から中国に向けた漢籍の還流がいつ始まったかには、複数の見方が生じ得よう。日本人の文言による著述が中国の寺院に奉納された比較的早い例が、いま知られる。(1) ただ小文では、あくまでも中国人の著述に対象を絞りたい。

中国人の著述を扱う意図的な還流となると、十世紀の後半に早い例がある。唐（六一八〜九〇七）の滅亡から北宋（九六〇〜一一二七）が力を持つまで、中国主要部の全体を治める王朝は存在しなかった。黄河流域の中原や華北と呼ばれる地域では、五つの短命な王朝（五代）が興亡を繰り返す。同時に南中国（一部に北中国を含む）では時期ごとに数は変わるが、合わせて十の政権（十国）が割拠した。これら諸政権やそれらがあった時代を五代十国と称する。

十国の中でも呉越《ごえつ》（九〇七〜九七八）は南中国の政権としては、最も長く続いた。開祖の銭《せん》鏐《りゅう》（八五二〜九三二）が唐代末期の浙西《せっせい》（現浙江省北西部）で生じた内乱の平定などで軍功を重ねて樹立した地方政権が、呉越の母体となる。唐を滅ぼした五代最初の王朝後梁《こうりょう》（九〇七〜九二三）から銭鏐は呉越王に封じられ、呉越は正式な建国に至った。この後、銭氏の当主は、五代の諸王朝と北宋より王の地位を代々認められる。

呉越は銭塘《せんとう》（現浙江省杭州《こうしゅう》市）に都を置いて、浙江から現江蘇・福建にも勢力を及ぼす。歴代の王は公には皇帝を称さず、五代や北宋に臣従を続けた。その一方で同じ十国に数えられる南中国の諸政権とは王族の間で婚姻を重ねて、友好関係を保つ。こうして呉越国内では経済・美術、また仏教などの宗教で相当な繁栄が見られた。[2]

その仏教の中心地として、呉越の領域にあった天台山（杭州市東部）は特に名高い。僧の智《ち》顗《ぎ》（五三八～五九七）はここに籠って（五七五～五八五）、教学と修行を共に尊び、『法華経』に基づく天台宗を開く。これより天台宗の根本道場に位置付けられた、この山には無数の寺院が点在するようになる。それらは仏典など多数の蔵書を有したが、時を経て散佚も生じた。本節でいう漢籍の還流は、この失われた書物を補う企てと関連する。書物の補完を伝える比較的古い記録は、中国の文献に次の三つが見出せる。

僧の義寂《ぎじゃく》は天台山で天台宗の修業に努めた。天台山の典籍は以前の戦乱や仏教への弾圧で被害を受けていた。義寂は僧の徳韶《とくしょう》に人に頼み船を仕立てて日本国から失われた書物を購入すればよいと告げた。（『宋高僧伝《そうこうそうでん》』巻七「大宋天台山螺渓伝教院《らけいでんぎょういん》義寂伝」）

天台の僧で羲寂《ぎじゃく》という者が徳韶に度々言った、「智顗の教え（を記す書物）は、時を経て多く散佚することが心配されます。いま新羅国にはその書物が備わっていますが、和尚のお力でなければ、それを取り寄せられるでしょうか」。徳韶が忠懿王《ちゅういおう》にこれを申し上げたので、王は使者にかの国で書物を写させ、備わると帰って来させた。今日まで、その書物は世に盛行している。（『景徳伝灯録《けいとくでんとうろく》』巻二十五「天台山徳韶国師《こくし》」）

呉越の銭氏は海洋の船舶を頼みとしていた。智顗の教え（を記す書物）五百巻余りには、目録に記されるが実物を欠く例が多く、商人がそれらは日本にあると言ったので、銭俶《せんしゅく》は日本の国主に書簡を送り、黄金五百両でそれらの書物を写すことを求め、全部を得て、天台の教えは江南に広まった。（『宋朝事実類苑《るいえん》』巻七十八「日本」に引く『楊文公談苑《ようぶんこうだんえん》』）

いずれも呉越での事跡を記すが、ここでは大意のみを示した。『宋高僧伝』は北宋の初期（九八八）に成立し、宋代以前の僧侶を扱う伝記を集成する。義（羲）寂（九一九～九八七）は天台宗、徳韶（八九一～九七二）は禅宗に属する。呉越では宗派の垣根を越えて僧侶らが仏教の振興に努めたようで、[3] 現に徳韶は国王との深い関係もあってか仏教界、また禅僧にして天台山で主導的な立場にあった。[4] 義（羲）寂が徳韶に進言する点は、『宋高僧伝』と禅宗の史書『景徳伝灯録』（一〇〇四年に朝廷へ上進）で異なるところはない。後者では、続いて徳韶が忠懿王に進言の内容を伝えたとある。銭弘俶《せんこうしゅく》（九二九〜九八八）、諡《おくりな》は忠懿、銭鏐の孫で、第五代の呉越王（在位九四八〜九七八）である。後に国土を北宋に献じ、最後の国王となる。ただし『景徳伝灯録』には、日本ではなく、「新羅」に書籍を求めたとある。

義（羲）寂の少年時代、また銭弘俶が即位する前に新羅（前五七〜九三五）は滅んだから、この「新羅」は高麗（九一八〜一三九二）を指すらしい。複数の政権が併存し移動が難しい中、望む書物が他国にあっても、中国の外から得る方が容易との発想が生じることは不思議ではない。問題は、それが日本と朝鮮のいずれか、または両方かという点にある。次の資料は北宋の官僚・文人だった楊億《ようおく》（九七四〜一〇二〇）の談話に基づく『楊文公談苑』だが、原書が伝わらないため、他の文献に見える引用を挙げた。こちらでは銭俶（呉越王として北宋に臣従した際に宋の初代皇帝太祖《たいそ》趙匡胤《ちょうきょういん》の父趙弘殷の名を憚って、弘俶から俶に名を改めた）が現れるのみで、徳韶ら僧侶は登場しない。その代わりに、商人から求める書籍は日本にあるという情報を得たと記される。ここで、日本に伝わる史料に目を転じよう。

昭和三十年（一九五五）、太宰府神社（福岡県太宰府市）文書の中から発見された大浦寺《おおうらてら》（大宰府あるいは周辺に存在した寺院）に関わる文書が紹介された。これは同寺による寺務執行についての申請に大宰府が与えた牒状《ちょうじょう》（人の間を順に回して用件を伝える書状）で、日付を欠くが内容から天喜《てんぎ》（一〇五三〜一〇五八）・康平《こうへい》（一〇五八〜一〇六五）年間に作られたと考えられる（書写はそれより遅れる)。大浦寺を開いた僧の日延《にちえん》(十世紀)が中国に渡った経験を持つことは他の史料にも見えるが、この文書にはさらに詳しい事跡が記される。(5)

即ち日本の天暦《てんりゃく》七年(九五三)、徳韶の依頼を受けた慈念《じねん》大和尚は仏書を書写させた。これを託された日延は「越人蒔承勲」が帰国する船に乗って中国に渡る。呉越国で許しを得て、彼は暦法を学ぶ。天徳元年(九五七)、日延は仏書やそれ以外の書籍千巻余りを携えて帰朝した。(6)「慈念大和尚」は日本の僧延昌《えんしょう》(八八〇~九六四)を指す。延昌は天台座主《ざす》を務めたが(在任九四六~九六四)、日本の天台宗における首長たる彼に徳韶が仏書の送付を依頼し、彼がそれに応えたこと、仏書を携えた日延の出国と帰国の時期が、この文書で確定した。「越人蒔承勲」は呉越の海商だった蔣承勲《しょうしょうくん》(「蒔」は誤り)をいう(次の段落でも言及)。最澄(伝教大師)が唐に留学して天台山に学び(八〇四~八〇五)、帰国した後、日本での天台宗を開いたことは周知のとおりである。その縁がある以上、中国の天台宗から仏書を送るよう依頼される事態の生起は納得しやすい。日本には、それに関する別の資料もある。

平安時代の漢詩文集『本朝文粋《ほんちょうもんずい》』巻七に収められる菅原文時《ふみとき》(八九九~九八一)の「為右丞相送大唐呉越公書状(右丞相の為《ため》に大唐の呉越公に送る書状)」が、それである。末尾に「天暦七年七月」とあるので、表題の「右丞相」は当時の右大臣(在職九四七~九六〇)藤原師輔《もろすけ》(九〇八~九六〇)を指す。この書状は、彼の名義で文時が著したと考えられる。書状には、呉越王(銭弘俶）が蔣丞勲（蔣承勲に同じ）に託した師輔宛の書簡と礼物を受納し、また自身の返書と返礼の品を送る旨が記される。つまり蔣承（丞）勲は同じ天暦七年の帰国に際して、師輔からの返信と進物、及び日延の身柄を呉越に伴ったことになる。

自身に摂政・関白の経験は無いが、師輔は摂関家の重鎮であった。師輔以前にも摂関家は呉越の国王との交渉を持っていた[7]。いわゆる遣唐使の廃止（八九四）から師輔の銭弘俶への書簡（九五三）まで約六十年、正規の外交ルートこそ欠いたが、日中双方の仏僧、中国の地方政権や商人[8]、日本の摂関家による往来は続いていた。政治の上で有力なだけに、摂関家は仏書を携えた日延の渡航にも関与したかもしれない。なお太宰府神社文書が含む史料から日本が仏典の送付を頼まれたと知られるが、高麗にも同じ働きかけがあったのであろう。現に、日本と並行して高麗も天台、十一世紀の後半には華厳の典籍を中国に還流させている[9]。

天台山や呉越国の求めで、天台の典籍が日本から中国に還流することになった。その背景には、自国で失われた書籍が日本や高麗に残っていると意識する中国人が十世紀の中頃に存在した事実がある。日本に限って言えば、遣唐使や留学生・留学僧による熱心な書籍の収集が一部の中国人に印象を残していたことが、こういった意識に繋がったのかもしれない。次節では、これに続く時代、中国人がさらなる書籍の還流を望んだ様子について考えたい。

二　還流の困難と夢想

五代の後を受けた北宋は呉越などの領土を平和裏に接収しつつ、武力をも用いて十国の領域を征服していく。第二代皇帝太宗《たいそう》（在位九七六〜九九七）は太平興国《たいへいこうこく》四年（九七九）、中国主要部をほぼ統一するに至る。日本の僧奝然《ちょうねん》（九三八〜一〇一六）は四年後（九八三）に中国へ渡る。奝然、俗姓は藤原氏、三論宗の僧で東大寺に属するが、真言密教も学ぶ。宋から帰国した後は東大寺の別当を務めた。次に、彼が北宋の首都汴京《べんけい》（現河南省開封《かいほう》市）に到着して太宗に謁見した際の記録を抜粋し、さらに関連すると思しい別の記述を挙げる。

太平興国九年（九八四）三月、日本の奝然がやって来て、……また彼の国には中国の典籍が多いと言い、そこで（鄭氏注《ていしちゅう》）『孝経《こうきょう》』一巻、『越王《えつおう》孝経新義《しんぎ》』一巻を出し（て太宗に献上し）た。（『玉海《ぎょくかい》』巻百五十四「朝貢・元豊《げんぽう》日本貢方物《こうほうぶつ》」）

恭帝《きょうてい》の顕徳《けんとく》六年（九五九）八月、高麗国が使者を遣わして朝貢させ、併せて『別序《べつじょ》孝経』一巻、『越王孝経新義』八巻、『皇霊《こうれい》孝経』一巻、『孝経雌図《しず》』三巻を進上した。（『冊府元亀《さっぷげんき》』

巻九百七十二「外臣部十七・朝貢五」）

『孝経』は儒教の経書の一つで、今文《きんぶん》・古文二系統のテクストがあった。唐の玄宗《げんそう》（在位七一二～七五六）は今文を主として、古文をも加味し注を付した新たなテクストを作った。皇帝の手に成るこの『御注《ぎょちゅう》孝経』が盛行して以降、旧来のテクストは中国で姿を消していく。だが中国の周辺諸国には、もとの『孝経』がなお残っていた。先の引用にいう奝然が携えた『孝経』は、共に今文のテクストと目される。後の引用はその四半世紀前、五代最後の王朝後周《こうしゅう》の恭帝（在位九五九～九六〇）に『孝経』や注釈を奉った記事で、やはり今文の系統と思われる。奝然や高麗の使者は意図して、中国では珍しくなっていた古い『孝経』を持参したのだろう。ただし両者が献じた『孝経』のテクストは、日中韓のいずれにも現存しない。

日本から中国に還流した仏典ではない漢籍は、いま見た今文『孝経』が極めて早い事例であろう。ただ前項で述べた天台の典籍もそうだが、早い時期は仏書の還流が目に付く。ここで、平安時代の天台宗に属する二人の僧侶に触れておかなければならない。源信《げんしん》（九四二～一〇一七）は『往生要集《おうじょうようしゅう》』を著し、浄土教の基礎を築いたことで名高い。もう一人の寂照《じゃくしょう》（九六二～一〇三四）は俗名を大江定基《さだもと》といい、官に就いて三河守に至るが、出家して源信らに学ぶ。のち長保《ちょうほう》五年（一〇〇三）、一つには中国仏教の霊場五臺山《ごだいさん》（山西省北東部）への巡礼を志し、二つには源信から教義の上での質問（後述）を託されて宋に渡航する。

寂照が中国に渡った年（一〇〇三）は北宋では咸平《かんぺい》六年だが、同年、彼は呉越の旧領四明《しめい》（現浙江省寧波《ニンポー》市）で天台宗の僧知礼《ちれい》（九六〇〜一〇二八）と面会する。知礼は義（義）寂（前節に既出）の孫弟子で、四明にある延慶寺で住職を務めていた。日本には仏教の教義に関わる疑いについて、唐に渡航した僧が現地の高僧に解答を求める慣習があり、これを「唐決《とうけつ》」と呼んだ。既に北宋の時代に入っていたが、寂照はそれに則って、知礼に源信の質問を示した。その回答「答日本国師二十七問」は、中国の仏書『四明尊者教行録《きょうぎょうろく》』巻四に収められる。

この際、寂照は中国で失われた仏書『大乗止観法門《だいじょうしかんほうもん》』と『方等三昧行法《ほうどうざんまいぎょうほう》』を携えていた。前者は智顗（前節）の師慧思《えし》（五一五〜五七七）の著述、後者は修業に関わる智顗の教説をまとめたと称する文献で、天台宗での重要性は言を俟たない。知礼の弟子遵式《じゅんしき》（九六四〜一〇三二）が後にこれらを印刷・刊行した。[10] 仏書の還流する例が、ここにも見られる。

寂照はこの後、汴京に赴いて北宋の第三代皇帝真宗《しんそう》（在位九九七〜一〇二二）に謁見した。天台山・五臺山の巡礼を果たし、帰国を考えるが、宋の高官から中国に留まるよう勧められ、蘇州（現江蘇省蘇州市）に滞在し、後に杭州で没した。彼のもとには皇族や公家ら日本の貴人から、書簡が度々届いた。その中には、藤原師輔（前節）の孫でもある藤原道長（九六六〜一〇二七）も含まれる。次に、寛弘《かんこう》五年（一〇〇八）九月付「治部卿源従英」の手紙を引く。

『唐暦《とうれき》』（唐代を扱う歴史書）以後の史書、及び仏教・儒教の経典で、まだ我が国に来ていないものは、幸便があれば送ってください。商人は利を重んじ、軽くて儲かる品物ばかりを船に載せて来るので、中国の風教を絶えて知ることができず、学問をする者はこの点を恨みに思っています。（『宋朝事実類苑』巻四十三「日本僧」に引く『楊文公談苑』）

「治部卿《じぶきょう》」の官職から、「源従英」は源俊賢《としかた》（九六〇〜一〇二七）の誤りと思しい。書物は重く、かさばり、（識字率の低い時代は）需要が限られる。書物を好む者でも自身が望む書籍以外は購おうとはせず、織物・陶磁器・香料などと異なり、宋から日本に渡る商人が扱うことを嫌う貨物だった。後に権大納言の高位に至る源俊賢でも、漢籍の入手は容易ではなかった。

そこで、俊賢は中国に留まった寂照に書籍を送るよう頼んだわけである。これとは逆に、日本から書籍がもたらされることを望む中国人もいた。寂照と面会した知礼が、その一人であった。寂照を介した質問が契機で源信との繋がりを持った知礼は、『仁王護国般若経疏《にんのうごこくはんにゃきょうしょ》』の送付を依頼した。智顗の著述とされる同書は仏典の注釈だが、中国では既に散佚していた。

源信はこれに応じるが、難船で積荷は海に沈む。次に知礼は二人の僧を渡日させ、当該の仏書を記憶した上で帰国させようとするが、二人は日本で客死する。知礼の没後半世紀を経た元豊（一〇七八〜一〇八五）の初め、商人が日本から四明に運んだ『仁王護国般若経疏』を僧如恂《にょじゅん》

（一〇三七～？）が入手し、苦労の末に政和《せいわ》二年（一一一二）、刊行に及ぶ。以上は宋の晁説之《ちょうえつし》（一〇五九～一一二九）が『仁王護国般若経疏』の巻首に付した「仁王護国般若経疏序」に基づく。知礼が寂照と会ってから刊行まで（一〇〇三～一一一二）一世紀強、日本から『仁王護国般若経疏』が中国に届いてからでも三十年前後の月日が経っていた。

宋代に印刷術は以前より普及したとはいえ、印刷の経費がなお安くなかったことが、刊行までこうも時間を要した主因であろう。ましてや日本で複製する際は、まだ書写に頼るしかなく、そのコストは相当高くなる。量産が難しく、原価が高いので、商人に敬遠され、船載の成否も偶然に左右される。中国と他国の間での漢籍の移動が困難だった点は容易く想像できる。これに加えて、日本からもたらされた漢籍には、次の諸資料に見えるような評価もあった。

（中国の外にある天台の文献には国内に）届かないもの、及び届いたが本物ではないものがやはりある。（晁説之「仁王護国般若経疏序」）

この（日本から入った）『仁王護国般若経疏』は本物ではないが、その説は失われさせてはならない。（『四明尊者教行録』巻六「四明尊者遺僧日本国求仁王経疏」注）

（『仁王護国般若経疏』は）近ごろ日本国から（高麗に）流入したが天台大師（智顗）が説いたものかは、後考を俟つ。（義天《ぎてん》『新編諸宗教蔵総録《しょしゅうきょうぞうそうろく》』巻一）

晁説之の文章は一般論として、日本からもたらされた天台の文献に偽作が混じっていると指摘する。それに対して、知礼に関する文献を集めた『四明尊者教行録』に編者の僧宗暁《しゅうぎょう》（一一五一〜一二一四）が自ら付したであろう注は、中国に還流した『仁王護国般若経疏』を偽物と称する。しかし南宋（一一二七〜一二七六）の時代を生きた宗暁としては、天台宗の先輩たる知礼が熱心に求めた文献を否定し去ることもできず、（内容は価値を持つから）後世に伝えるべきだと述べたいらしい。最後に挙げた資料を編んだ義天（一〇五五〜一一〇一）は高麗の王子（国王文宗《ぶんそう》の四男）だが出家し、北宋に留学して、様々な宗派に学ぶ。帰国後、高麗での仏教の発展に大きく寄与するが、編著の『新編諸宗教蔵総録』は宋代初めまでの主に中国で編まれた仏教書の目録として知られる。実は、高麗にも日本から『仁王護国般若経疏』が流入したが、義天はそれが智顗の教説かに自信が持てず、判断を保留したと思われる。中国や高麗で散佚した後、日本から入った仏書が疑いの目で見られた例は、他にもある。

世間には東方（日本）から伝わった『阿弥陀経』の注釈（『阿弥陀経義記《ぎき》』）があるが、それは智者《ちしゃ》（智顗）の説ではない。言葉が卑俗で内容が乏しいから、間違いなく倭人（日本人）の偽託である。（智円『仏説阿弥陀経疏』）

智円（九七六〜一〇二二）は北宋の僧侶で、天台宗の中でも知礼らの一派（山家派《さんげは》）に対して、別派（山外派《さんがいは》）の中心となる。自身が著した『仏説阿弥陀経疏』の価値を相対的に高めるためとはいえ、同じ経典の日本から伝わった注釈への評価は手厳しい。これに向けた反発が、日本人の僧侶から発せられた。成尋《じょうじん》（一〇一一〜一〇八一）は平安時代の天台宗に属する僧侶で、延《えん》久《きゅう》四年（一〇七二）、北宋に渡る。各地を巡拝し、また雨乞いに腕を振るった。集めた経典と共に帰国しようとするが、宋の第六代皇帝神宗《しんそう》（在位一〇六七〜一〇八五）に慰留され、書籍のみを日本に送って中国で没した。その旅行記『参天台五臺山記《さんてんだいごだいさんき》』にいう。

智円阿闍梨《あじゃり》の『仏説阿弥陀経疏』を見ると、日本から来た『阿弥陀経義記』は偽作というが、誤りも甚だしい。『阿弥陀経義記』は伝教大師（最澄）が中国から将来された書物の目録に載っており、偽物のわけがない。（巻二・熙寧《きねい》五年（一〇七二）六月十二日条）

中国に渡航した年に、成尋が智円の文章を見た際の記録から、大意のみを示した。(11)『仁王護国般若経疏』などが偽物だったとして、それには一、日本人の手に成る、二、元来が中国人による偽作だ、という二つの事態が考えられる。ともかく日本から大陸に向かう書物には移動に伴う困難に加えて、宋や高麗で偽物と疑われる、本節の最初で見た今文『孝経』のように再び散佚する恐れもあった。ただ、仏僧の他にも日本からの漢籍の還流を望む者がいた。

延長五年（九二七）、霊場の巡礼を望んだ興福寺（現奈良市）の僧寛建《かんけん》は十国の一つ、閩《びん》（九〇九〜九四五）の国都だった福州（現福建省福州市）に赴く。彼は中国で急死したが、随行した僧侶は北中国に移り、五代の戦乱が続く中を生き抜く。うち寛輔《かんほ》という僧は諸王朝が都を置く汴京で同地では珍しい密教を広めるなどの活躍を示し、中国に滞在すること約半世紀で没した。この間、後周の顕徳五年（九五八）、中国の僧義楚《ぎそ》に日本について語っている。

　寛輔の話では、日本国には……富士という山があって、別名は蓬萊《ほうらい》。……徐福《じょふく》がここに留まったので、蓬萊と呼ぶ。（義楚『釈氏六帖《しゃくしりくじょう》』巻二十一）

徐福は秦の方士（方術を心得た者）で始皇帝（前二五九〜二一〇）に不老不死の仙薬を得ることを勧め、三千人の若い男女、様々な職人、五穀と共に蓬萊（東海にある神山）に出航したという。『史記』巻六「秦始皇本紀《しんしこうほんぎ》」、巻百十八「淮南衡山《わいなんこうざん》列伝」に見られる事跡だが、具体的な行き先

図1　欧陽脩（『三才図会』、京都大学人文科学研究所蔵）

は記されない。彼が日本に赴き、そこに留まったという記事は、寛輔がそう語ったのか、義楚がこう解したのかはさておき、この記録が最も早いらしい(12)。北宋の高官・学者・文章家・詩人で当時を代表する知識人欧陽脩《おうようしゅう》（一〇〇七～一〇七二）の詩にいう。

……かの国（日本）は大きな島にあって、土壌は肥え国振りはよいと伝え聞く。その祖先は徐福が秦（の始皇帝）を欺いて連れて来た民で、仙薬を採って（日本に）留まり（来た当初の）あげまき髪の子供も年老いた。様々な職人と五穀を伴ってそこに住んだので、今でも愛玩品はいずれも巧みで出来がよい。唐代には貢ぎ物を携えて中国と度々往来があり、学問のある者はともすれば詩文に優れる。徐福が赴いた時は焚書の前だったので、逸書百篇が今も（日本には）まだある。それが中国に伝わることを厳しく禁じているので、世を挙げて（昔の書物で用いられている古い字体の）古文を知る者がいない。上古の聖天子が作った古典が東方の未開の民のもとにあり、青波が広々と横たわり海を渡る術もない。（これを思えば）深く心に感じて虚しく涙を流し、さびた短刀など言うに足りない。（欧陽脩『欧陽文忠公集《おうようぶんちゅうこうしゅう》』巻五十四「日本刀歌」）

一首の詩から後半の三分の二を挙げた。日本製の刀剣を称えつつ、途中で徐福に言い及ぶ。優れた工芸品は中国の末裔だからと理由を付け、さらに徐福は書物を持参したから、始皇帝の焚書（前二一三）で失われた「逸書百篇」があるのに、日本の禁令によってそれが中国に戻らないことは実に残念で、その刀など書物と比べたらどうでもよい、と結論を示す。

同時代のやはり優れた知識人の司馬光《しばこう》（一〇一九～一〇八六）に「和君倚日本刀歌（君倚《くんい》の日本刀歌に和す）」（『温国文正公《おんこくぶんせいこう》文集』巻三）という、友人の銭公輔《せんこうほ》（字《あざな》は君倚）が所蔵する日本刀を詠う詩歌に唱和した詩がある。嘉祐《かゆう》三年（一〇五八）前後の作品だろう、この「和君倚日本刀歌」と欧陽脩「日本刀歌」の字句はほぼ同じで、どちらの作品か定論が無い(13)。詩歌だけに、「逸書百篇」の実在を作者が信じていたかは疑わしい。また高官（欧陽脩は副宰相、司馬光は宰相に至る）たる者が、こうも国外の事情に疎かったとは思えない。だが仏書、稀に『孝経』など漢籍が還流した前例を知っ

図2　司馬光（『三才図会』、京都大学人文科学研究所蔵）

ていたから、このような詩想が生まれたのだろう。なお、「逸書百篇」はそもそも散佚（散逸）した書籍全般を指すわけではない。

『尚書《しょうしょ》』は一般に『書経』と呼ばれる儒教の経典だが、元来は「古文」で記されて百篇から成ったと伝わる（現行本は五十八篇で偽作を含む）。「逸書百篇」とは、まずこれを指す。

（高麗王宣宗《せんそう》）八年（一〇九一）六月丙午、（使者の）李資義《りしぎ》らが宋から帰って上奏した、「皇帝（北宋の哲宗《てっそう》）は我が国に（中国から伝わった）良書が多いと聞き、……書写して送るよう目録を渡されました」。そこには……『百篇尚書』……（など計一二九種の書物）が載っていた。（『高麗史』巻十「宣宗世家《せいか》」）

ここでは仏書を除く、散佚した書籍の還流を宋が高麗に求めている。その筆頭とされる『百篇尚書』は百篇から成る『尚書』、つまり「逸書百篇」というに等しい。後の宣和《せんな》年間（一一一九～一一二五）のことになるが、中国人は高麗に失われた書物が伝わると認識していた。

宣和年間、（北宋から）高麗に使者として赴いた者によると、その国は珍しい書物に甚だ富んでおり、先秦《せんしん》（秦代以前）より後、晋・唐・隋・梁の書物は全てあって、何千人の著作、何千種の著述があるか分からない。恐らく戦禍を被らなかったからで、いま（宋の）宮中の蔵書でも、これほど手を尽くして集め多く蓄えてはいない。（『貴耳集《きじしゅう》』巻上）

南宋の張端義《ちょうたんぎ》（一一七九〜一二四一以後）による随筆から引用した。高麗が漢籍に富むという印象は、後の時代に引き継がれる。モンゴルが元《げん》の国号を定める（一二七一）前の中統《ちゅうとう》二年（一二六一）、中国を治める拠点の大都（現北京市）に高麗王の世継ぎ「植《しょく》」[14]が来朝した。元による南中国の併呑は十五年後（一二七六）のことだが、高麗はもうモンゴルに服属していた。六月十一日に開かれた宴席でモンゴルの官僚と植に随う高麗の臣下は古典中国語で筆談を交わす。元の重臣姚枢《ようすう》（一二〇一〜一二七八）がたずねた、「汝の国には『古文尚書』と国外の珍しい書物があると伝え聞くが」、答えていわく、「中国の書物と変わりません」（元・王惲《おううん》『秋澗《しゅうかん》先生大全文集』巻八十二「中堂事紀」下）。宴会に列した王惲（一二二七〜一三〇四）によると、中国人の姚枢はやはり古い『尚書』の存否を問うたという。

時代が明（一三六八〜一六四四）に下ると、このような印象を利用する中国人も現れる。即ち明の官僚豊坊《ほうぼう》（一四九二〜一五六三）は、古い『尚書』を偽造して、自身の曽祖父（豊慶《ほうけい》）が朝鮮や日本の使者から得たものだと称した（清・全祖望《ぜんそぼう》『鮚埼亭集外編《きっきていしゅうがいへん》』巻十七「天一閣蔵書記《てんいつかくぞうしょき》」）。学者として名高い全祖望（一七〇五〜一七五五）が書き残す、この偽作の目的は定かではない。[15]だが本来の『尚書』を求める者は、明代のより遅い時期にも現れた。

万暦《ばんれき》の初め、葉春及《ようしゅんきゅう》は尚書郎《しょうしょろう》（官職）だったが、（朝廷が）倭（の支配者）を（王に）封《ほう》じる使者を遣わすので、（日本で）八方手を尽くし『百篇尚書』を求めて帰らせよと上書したが、世間知らずとの謗りは免れまい。（清・朱彝尊《しゅいそん》編『明詩綜《みんしそう》』巻四十八）

官僚・学者の葉春及（一五三二～一五九五？）は晩年に尚書郎を務めたが、それは明の万暦（一五七三～一六二〇）の初年ではなく、中頃のことだった。文中の倭（日本）への使者は万暦の初めだと倭寇を禁圧せよとの要請、中頃だと日本（豊臣秀吉）との和議（宗主国として明は朝鮮に援軍を派遣した）を目的とした可能性がある（秀吉への使者の派遣は一五九六年）[16]。いずれにもせよ朱彝尊（一六二九～一七〇九）のような学者からすれば、『百篇尚書』が日本にあると明の末期になお期待するなど、浮世離れも甚だしいと思われたのだろう。しかし、朱彝尊が生きた清代（一六三六～一九一二）にも同様の意見を公にする者がいた。

康熙《こうき》三十六年（一六九七）、漳浦《しょうほ》県学（現福建省漳州市にあった漳浦県の官立学校）の学生蔡衍鍰《さいえんこう》（一六六一～？）が、皇帝（康熙帝）に奉ろうとして果たせなかった上書の内容を印刷して世に広めた[17]。その中の一条で、彼も『尚書』の失われた篇を日本から求めよという（蔡衍鍰『操斎集《そうさいしゅう》』

文部巻二「請徴全書疏（全書を徴《ちょう》さんことを請《こ》う疏《そ》）」）。

本節の前半では、仏書や後に再び散佚したが今文『孝経』が中国に戻った例を見た。それらが一部の中国人に漢籍のさらなる還流への期待を抱かせたことは、想像に難くない。これに徐福が「逸書百篇」を日本に携えたという想像が加わり、期待はいや増しに高まる。だが成功した事例でも還流には様々な困難が伴う上に、中国に届いた書物の真偽には、とかくの議論が生じた。古い『尚書』を日本や朝鮮に求めたり、偽造したりする者の動機は一様ではあるまい。純粋に経書の原形を尊ぶ、儒教の伝統に忠実だと名を上げ（あわよくば地位を得）る、偽物で人を驚かせたいといった違いこそあれ、国外にも書物が残らぬ以上、夢想は夢想に終わらざるを得ない。ともかく漢籍の移動と言えば、中国から周辺へという大枠は変わることが無かったのである。

三　書物の往還

日本が近世に入ると、このような状況に少しく変化が生じる。明らかな例だけでも、江戸時代に漢籍約二十種が中国に逆輸出された[18]。中国で散佚した漢籍の中でも『古文孝経』、『論語義《ぎ》疏《そ》』などの経書、『群書治要《ぐんしょちよう》』のような古典を抜粋した文献は、みな中国で比較的早くに翻刻が流布した。これは一つには日本の漢学が著しく発展したこと、二つには清代に新たな古典学の清朝《しんちょう》考証学が勃興し、より古い資料が中国で重視されるようになったことと関わる。具体的には『七経孟子考文補遺《しちけいもうしこうぶんほい》』（経書八種を日本にのみ残るテクストも用いて校勘）のように中国の学者も認める成果が生まれ、信頼の度合いが増したのだった。同書は享保十六年（一七三一）に刊行が始まり、あまり間を置かずに中国に輸出される。(19) これらの要因が関わり、日本から還流する漢籍が中国で歓迎を受け、林述斎《じゅっさい》（一七六八～一八四一）の事業へとも繋がる。

述斎、名は衡《たいら》。松平乗蘊《のりもり》（美濃国岩村藩主）の三男だが、寛政五年（一七九三）に江戸幕府で文教を司る林家の養子に入り、大学頭《だいがくのかみ》に叙される。(20) 儒官として朱子学による思想の統制に努めた。彼が編纂した『佚存叢書《いっそんそうしょ》』は寛政十一年（一七九九）から文化七年（一八一〇）の間に六度に分け、木活字を用いて刊行された。中国で散佚したが日本に残っていた漢籍（『古文孝経』、『五行大義《ごぎょうたいぎ》』、『臣軌《しんき》』、『楽書要録《がくしょようろく》』『両京新記《りょうけいしんき》』、『李嶠雑詠《りきょうざつえい》』、『文館詞林《ぶんかんしりん》』、『文公朱先生感興詩《ぶんこうしゅせんせいかんきょうし》』、『武夷櫂《ぶいとう》歌《か》』、『泰軒易伝《たいけんえきでん》』、『左氏蒙求《さしもうぎゅう》』、『唐才子伝《とうさいしでん》』、『王翰林集註黄帝八十一難経《おうかんりんしっちゅうこうていはちじゅういちなんぎょう》』、『蒙求』、『崔舎人玉堂類藁《さいしゃじんぎょくどうるいこう》』、『崔舎人西垣《せいえん》類藁』、『周易新講義《しゅうえきしんこうぎ》』、『宋景文公集《そうけいぶんこうしゅう》』）を収める。

叢書の名称は「日本刀歌」（前節）の「逸書百篇が今も（日本には）まだある」（原文は「逸書百篇今尚存」）に基づき（「逸」は「佚」に通じる）、中国で失われて日本に伝わる漢籍を「佚存書」と呼ぶ契機ともなった。早くから重視された経書に限らず、広い分野の漢籍を収めており、みな

価値は高い。中国に輸出された後、個別の翻刻・研究が相継いだ。(21)

もちろん、このような逆輸出が以前より増えても、漢籍は中国から来るのが本筋だった。(22)江戸時代には教育の普及で漢籍の読者も増え、書物を積んだ中国船も少なからず来航した。それらの船が長崎に運んだ書籍を日本の商人が入札で獲得した記録が、今に伝わる。その中で、文久元年（一八六一）の入札記録に「佚存叢書」が見られる。(23)こう書くと、不審に思われる向き

図3　『佚存叢書』蔵書印（「高取植村文庫」、京都大学人文科学研究所蔵）

図4　『佚存叢書』蔵書印（「二金蝶堂藏書」、京都大学人文科学研究所蔵）

図5　東京都港区・芝給水所公園（高取藩上屋敷跡地、筆者撮影）

があるかもしれない。日本で刊行された『佚存叢書』が中国から長崎にもたらされることがあり得るのか、と。実は後のことだが、このような例は他にもあった。

図3、図4を見られたい。これは日本に伝わる、ある『佚存叢書』に見える印影で、各々「高取／植村／文庫」、「二金／蝶堂／藏書」と読める。前者は日本の大名が捺した印である。

植村家長《いえなが》（一七五四～一八二八）は大和国高取藩《たかとり》（現奈良県高市《たかいち》郡高取町）の第九代藩主（在任一七八五～一八二八）で寛政十一年（一七九九）、寺社奉行に、翌十二年（一八〇〇）、若年寄に任じられ、幕政に長く関わる。文政八年（一八二五）、老中格、翌九年（一八二六）、西の丸老中として将軍の世継ぎ（後の第十二代将軍徳川家慶《いえよし》）に仕え、四五〇〇石を加増され計二万五〇〇〇石を領して、逝去に至った。[24] 漢詩の唱和集が伝わる。

林述斎が務める大学頭は若年寄支配（管轄下）なので、刊行が始まった翌年（一八〇〇）に述

図6　趙之謙（『清代学者象伝二集』、京都大学人文科学研究所蔵）

斎は上司となった家長に『佚存叢書』を贈ったらしい。やがて、この本は中国に流出し、書斎を「二金蝶堂《にきんちょうどう》」と称した趙之謙《ちょうしけん》（一八二九～一八八四）の蔵書となる。彼は浙江紹興（現杭州市）の人で咸豊《かんぽう》九年（一八五九）に挙人《きょじん》（科挙における地方試験の合格者）となるが、北京での本試験には及第せず、得意の書画・篆刻で生計を立てる。晩年は江西省で知県《ちけん》（県知事）を歴任するが、過労で没した。絵画では花卉に長じる他、書法は北朝（五～六世紀）の石刻に学び、日本の書道界を含めて後世への影響は大きい。[25] ただ彼の秘蔵した物品は、没後すぐに盗難に遭ったという（清・葉昌熾《ようしょうし》『縁督廬《えんとくろ》日記』光緒十三年（一八八七）七月二十六日条）。

もっとも、趙之謙が死に至るまで『佚存叢書』を所蔵したかは詳らかではない。因みに、『佚存叢書』に見える彼の蔵書印には植村家長のそれと印の縁を重ねるように捺した例もある（図7）。中国人だけに、（そうと知っていたか定かではないが）大名でも日本人の蔵書印はさして丁寧には扱わなかったということか。ともかく趙之謙の手を離れた『佚存叢書』は、銀行業・織維業を営む蔵書家陶湘《とうしょう》（一八七〇～一九四〇）[26] の有に帰し、天津に現れた。民国十八年（一九二九）、陶湘が蔵書を売るとの風

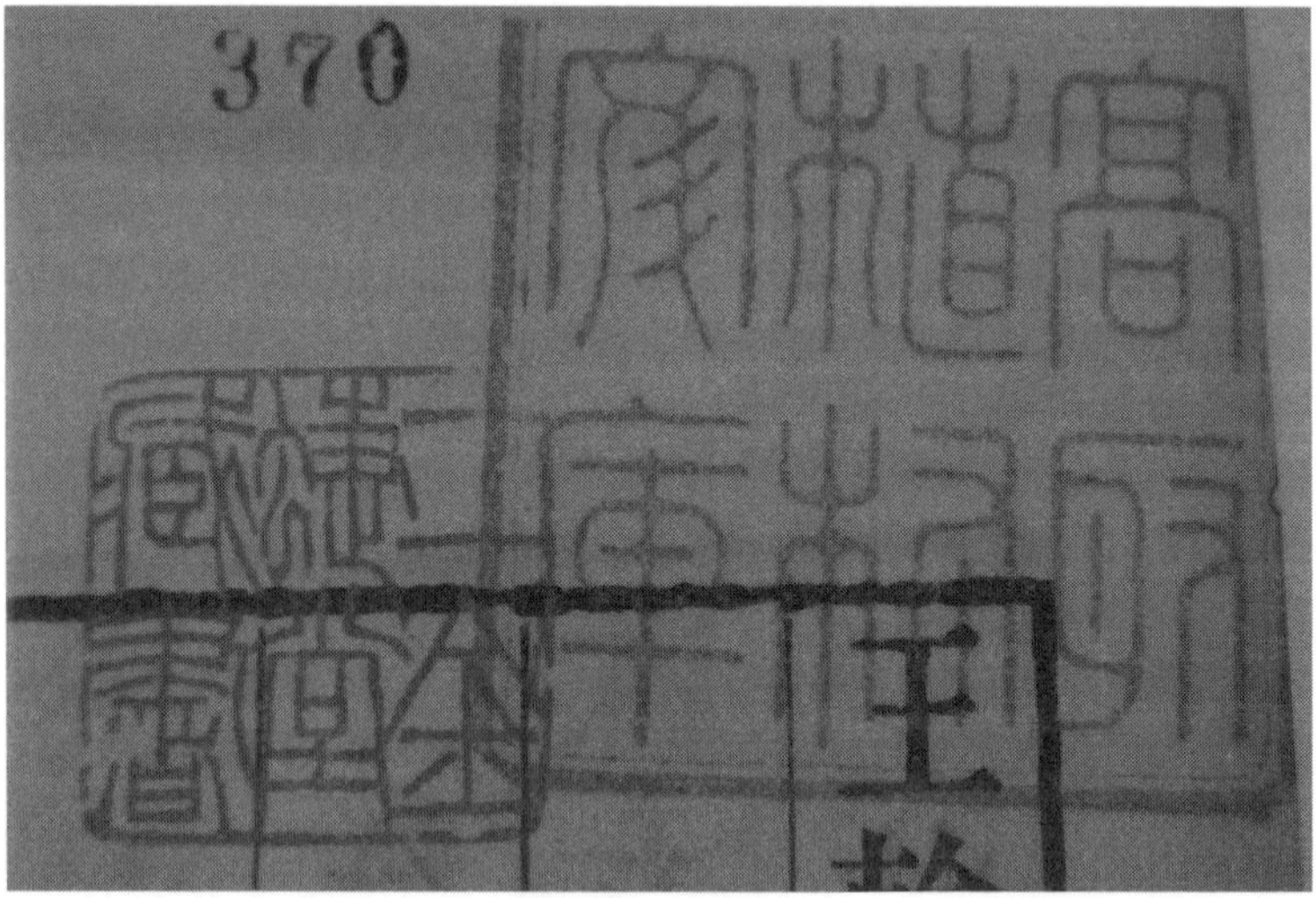

図7 「高取植村文庫」(右)と縁を重ねて捺された「二金蝶堂藏書」(左)の蔵書印(『佚存叢書』京都大学人文科学研究所蔵)

説が立ち、中国語学者で京都帝国大学文学部の助教授(後に同教授、東京大学文学部教授を歴任)だった倉石武四《たけし》郎《ろう》(一八九七〜一九七五)が購入の交渉に訪れた。中国学の新しい研究所に備える書籍を求めて彼は陶湘の邸宅に赴いたのだが、紆余曲折の末に交渉が成立する昭和五年(一九三〇)の二月下旬までに総計五九一種二七八六三冊に上る陶湘旧蔵の叢書が、新設の東方文化学院京都研究所に入り、その中に植村家長・趙之謙・陶湘の手を経た『佚存叢書』があった。[27] いま同書は東方文化学院京都研究所の後身、京都大学人文科学研究所(筆者の勤務先)に所蔵される。

要約すると、この本は編纂した儒者が大名に贈った後、中国に渡り芸術家、実業家の手を経て日本の研究機関にたどり着いた。先述の幕末(一八六一)に長崎から入った『佚存叢書』も日本から中国、そしてまた日本へと書物が動いた例と考えられる。従来は書籍が

図 8　『佚存叢書』京都大学人文科学研究所現蔵（植村家長・趙之謙・陶湘旧蔵）

中国から日本へと動き、その流れを汲む複製が時に中国へと還流していった。後の時代になるとモノとしての書物が東シナ海を片道とは言わず、一往復（以上）動く事態が度々発生する。元来、内容（中国人の著述）とモノ（日本に残るテクストを日本で印刷）が異なる両国の性格を持つ『佚存叢書』が日中を往還する姿は、文化の行き来という点で極めて示唆的に思われる。

四　還流と学術交流

明治十年（一八七七）、外交官が常駐する清国公使館が、東京に設置された。古典学を修めた者が官に就くという建前がなお続く中国の外交官は、漢学の素養がある日本人に詩文の唱和などの交遊を望まれ、書法などの芸術でも日本の文化に一定の影響を与える。しかし西洋の文化を学ぶ中で、大方の日本人から顧みられなくなった、また旧支配層が蔵した漢籍が市場に流出する。公使館の設置以前に訪日した者を含め、中国人がそれらを得て本国に稀覯本の存在を伝える例が見られた。『古逸叢書《こいつ》』の編纂も、その流れの中で理解できる。

日本にのみ伝わる漢籍二六種の複製を収める同叢書は、駐日公使の黎庶昌《れいしょしょう》（一八三七〜一八九八）及び部下で学者・書家の楊守敬《ようしゅけい》（一八三九〜一九一五）の編纂に係る。刊行は光緒十年（一八八四）のことだが、同類の叢書としては空前の規模を持つ。ここに至って初めて中国人が自ら日本に渡航し、漢籍の還流を主導した。もっとも、彼らには漢方医で書誌学者・蔵書家の森立之《たつゆき》（一八〇七〜一八八五）たち日本人の協力者がいた。楊守敬は清国公使館に勤務しながら、森らの助力を得て珍しい漢籍の蒐集・研究を進めた。なお、日中の学者による協力が漢籍の還流を促した例は、楊守敬や森立之の前後にも見られる。[28] ここでは、夏承燾《かしょうとう》（一九〇〇〜一九八六）と清水茂（一九二五〜二〇〇八）の事例を見るとしよう。

夏承燾は中国古典文学の研究者だが、詞《ツー》（詩とは異なる韻文）の研究で名高い。一九五五年十一月、浙江師範学院教授の夏承燾は自著の『唐宋詞人《しじん》年譜』（古典文学出版社）を刊行した。唐・宋の著名な詞の作者十二名の年譜を集成した同書で、彼はその中の韋荘《いそう》（八三六〜九一〇）が編んだ唐詩（唐代の詩）の選集『又玄集《ゆうげんしゅう》』三巻は現存しないと記した。[29]

一九五六年十月、清水茂は学術誌『中国文学報』第五冊に書評「夏承燾『唐宋詞人年譜』」を発表した。清水は中国語学・文学の研究者で、当時は京都大学教養部の講師だった。この書評で清水は『又玄集』には日本・享和《きょうわ》三年（一八〇三）の官板《かんぱん》が存在し、散佚していないと指摘する。(30)官板とは江戸幕府の昌平坂学問所が刊行した漢籍だが、その時点での責任者はかの林述斎だった。『佚存叢書』には含まれないが、これも中国で失われた漢籍である。(31)

以下、夏承燾の日記『天風閣学詞日記《てんぷうかくがくしにっき》』(32)から関係する記述の要旨を示す（主語は夏承燾）。

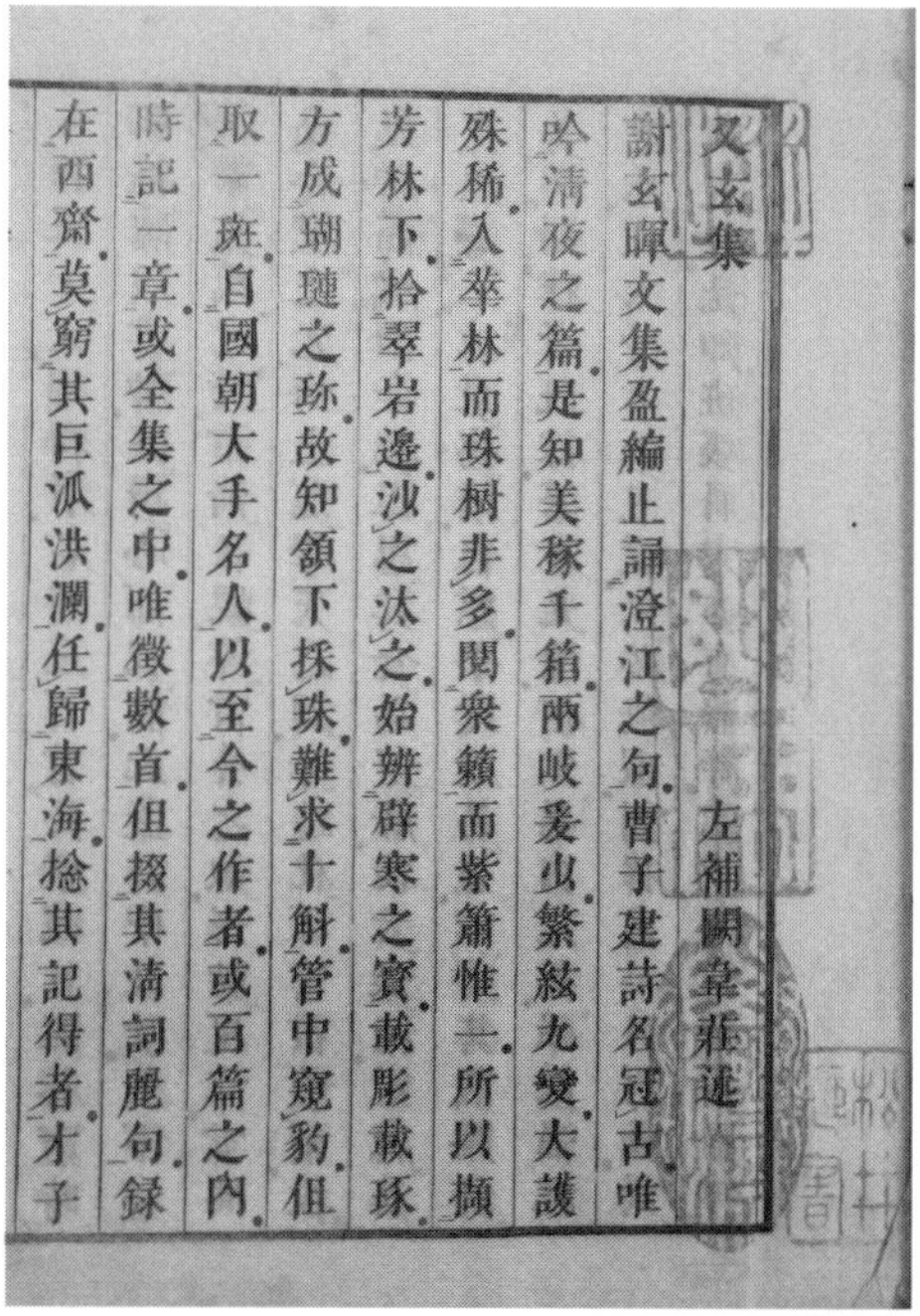
又玄集　左補闕韋莊述
謝玄暉文集盈編止誦澄江之句曹子建詩名冠古唯
吟清夜之篇是知美稼千箱兩岐爰少繁絃九變大護
殊稀入華林而珠樹非多閲衆籟而紫簫惟一所以擷
芳林下拾翠岩邊沙之汰之始辨辟寒之寶載彫載琢
方成瑚璉之珎故知頷下探珠難求十斛管中窺豹但
取一斑自國朝大手名人以至今之作者或百篇之内
時記一章或全集之中唯徵數首但掇其清詞麗句録
在西齋莫窮其巨派洪瀾任歸東海捻其記得者才子

図9　官板『又玄集』の巻頭（京都大学人文科学研究所蔵）

（一九五七年）

・二月十二日
自著への書評が日本の『中国文学報』に載っていることを友人から知らされる。

・二月十三日
『中国文学報』の編者で京都大学文学部の教授だった中国文学者の吉川幸次郎（一九〇四～一九八〇）に手紙を書く。

・二月十六日
友人から『中国文学報』を入手し、清

水による書評を読んで感心し、自著の補訂を始める。
・二月十七日
書評を中国語に翻訳する。翌日、発表のため、古典文学出版社に書評と年譜の補訂を送る。
・三月十五日
書評に感謝し、官板『又玄集』について問う清水宛の手紙を書く（翌日、投函）。
・四月八日
吉川から返書を得て、清水が吉川の門下生であることを知る。
・四月十六日
吉川から贈られた『中国文学報』を受け取る。
・四月二三日
清水から「架蔵の『又玄集』を撮影して写真を贈る」旨の返書を得る（翌日、返信）。
・五月四日
清水から写真を送る旨の手紙を得て、古典文学出版社と影印・出版について交渉する。
・五月二十日
新聞『光明日報』の編集者から、清水の書評（中国語訳）を掲載する件で手紙を受け取る。
・五月二一日

清水が送付した『又玄集』の写真（一二六枚）を受け取り、厚意に感謝する。
・五月二二日
清水に謝意を表し、古典文学出版社からの影印本『又玄集』の出版計画を告げる手紙を送る。
・五月二三日
『又玄集』が日本に現存し、その写真を得た経緯を記す「又玄集跋《ばつ》」を著す（翌々日に改稿）。
・五月二七日
古典文学出版社に手紙を書き、影印本『又玄集』に付ける文章を送る。
・五月二九日
吉川に『唐宋詞人年譜』（第三刷）と自作の詞を送り、清水に渡すよう依頼する。
・六月六日
古典文学出版社から『又玄集』の影印・出版を希望する旨、予定を記した手紙を受け取る。
・七月一日
古典文学出版社から清水に（撮影の費用）五百元と影印本十部を贈る旨の手紙を受け取る。
・七月六日
古典文学出版社から知らせがあった件を告げる清水宛の手紙を書く（翌日、投函）。

・八月七日
清水の手紙（七月二九日付）と先に寄せた作品に唱和した詞を受け取る。
・十月八日
清水の書評（中国語訳）が掲載された十月六日の『光明日報・文学遺産』を読む。
・十月十六日
古典文学出版社から『又玄集』を印刷に付した旨の手紙を受け取る。
・十月二一日
『又玄集』後記の校正刷などと共に、古典文学出版社に手紙を送る。
（一九五八年）
・一月二五日
古典文学出版社から一月中に出版する影印本『又玄集』を受け取る。
・一月二六日
『又玄集』が中国に戻って来たことなどを紹介した文章を新聞『文匯報《ぶんわいほう》』に寄稿する。

夏承燾は一九五七年二月に書評の存在を知ってすぐに動き始め、翌年一月には影印本の出版に至った。交渉などの合間に書評の訳文を新聞『光明日報』（『文学遺産』はその文芸欄）に掲載

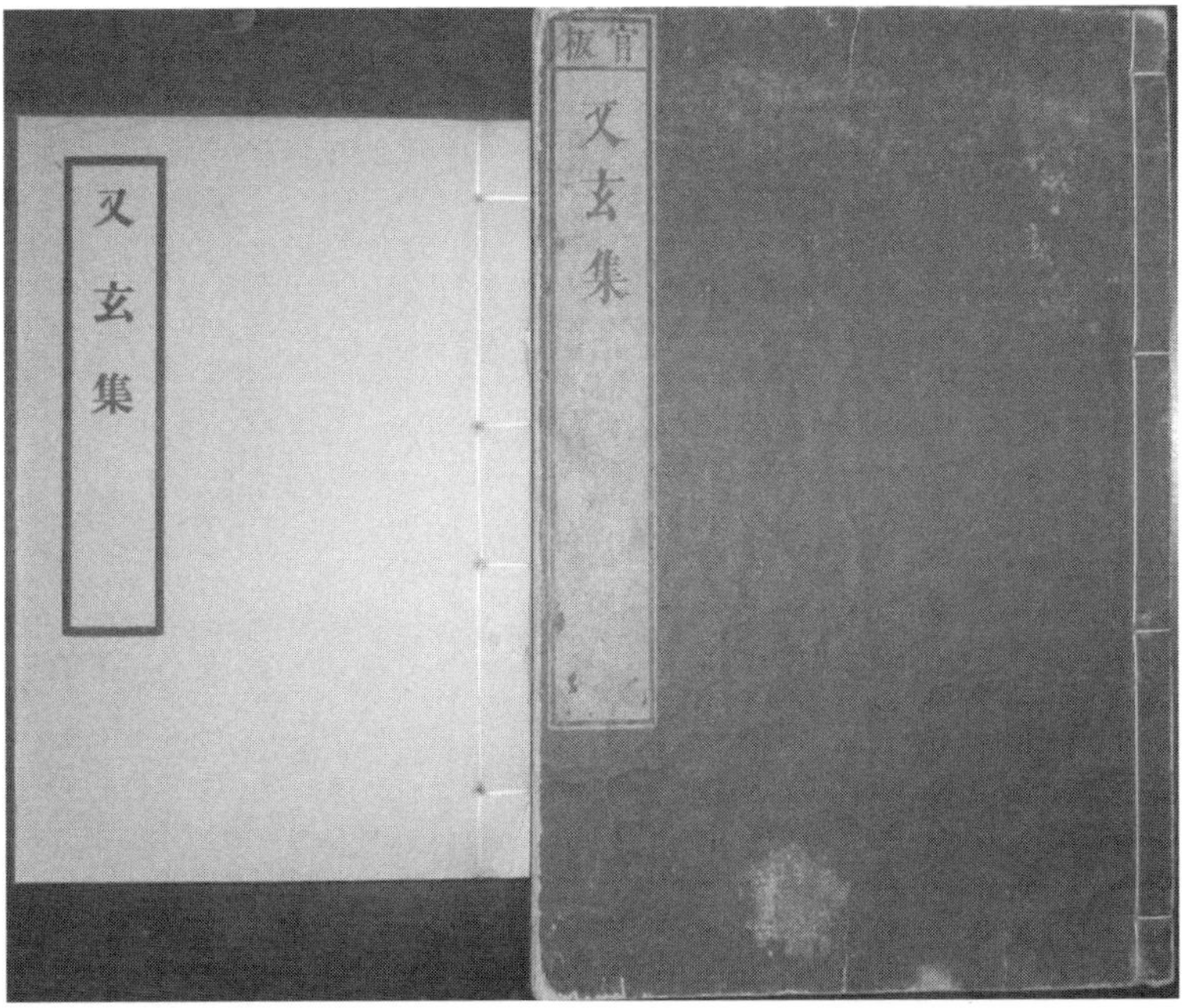

図10　官板『又玄集』（右）と影印本『又玄集』（左）の表紙（京都大学人文科学研究所蔵）

し、刊行した後には紹介文を新聞『文匯報』に載せる。ここに列挙した記事の後、同じ一九五八年十二月には『又玄集』を活字化して『唐人選唐詩《とうじんせんとうし》（十種）』（中華書局）に収録・出版もしている。唐人選唐詩（唐代の人物が編んだ唐詩の選集）はわずかしか残らず貴重なため熱心になるのも納得できるが、中国でそれを公にするまでの手回しがよいことに驚かされる。百年を要した『仁王護国般若経疏』の還流（第二節）と比べれば、隔世の感がある。

こう書くと、正式な国交も有さなかった平安時代と比較しても無意味だという向きもあるかもしれない。だが一九五〇年代も民間の交流は相応にあったが、日本と中華人民共和国との間に国交が無かったことを思い起こされたい。実のところ、先に示した記事の列挙では省いたが、古典文学出版社が「外国への送金が難しいので、撮影の経費は現金ではなく五百元分の書籍を清水に寄贈して、それに代えたい」と提案したので、夏承燾はその旨を清水に手紙で知らせた（『天風閣学詞日記』一九五七年十月九日条）。日中の関係性が、その原因だと思われる。

これに対して、清水は十一月十四日付の夏承燾に宛てた手紙で書籍の寄贈を辞退した（同十一月二三日条）。だが、それでも書籍を贈りたいという古典文学出版社の意向に従い、夏承燾は寄贈書を選定した。後に清水から謝意を述べる手紙（一九五八年六月十三日付）が届いており、書籍は寄贈されたと分かる（同一九五八年一月二七日・六月二一日条）。折しも一九五七年には中国共産党に批判的な者を糾弾する反右派闘争が展開されており、夏承燾の日記にも知識人が取締りを受ける記事が散見する。そのような時期に知的好奇心や文献を世に伝える義務感から、彼は国交を欠く旧敵国の研究者と交流する、いわば危ない橋を渡って漢籍の還流に努めていた。

夏承燾の「又玄集後記」（影印本『又玄集』巻末）にいう、「清水先生の篤学博識、稀覯本を流布させようというその熱情にはとりわけ感服させられる」。「熱情」の語は、もとより夏承燾の方にも当てはまろう。漢籍の還流や関連する学術交流は、このように戦後も続いていた。現に日本での新資料の紹介、中国でのその影印は今日でもしばしば見られるところである。

清水（後に京都大学文学部教授を務め、定年後は京都大学名誉教授）と夏承燾の書信を介した交流はその後も続いた。次に清水による夏承燾（最後の公職は杭州大学教授）が教育に携わって六十五年を経たことを祝う詩と彼の逝去を悼む詩の一部を挙げる。(33)

かつて野にあった宝石（『又玄集』）を（杭州の）西湖のほとりにおられる先生に差し上げ、しばしば（私は手紙を通じて）ご高教を東海（日本）の陋屋で受けたものです。

かつてささやかな指摘を呈して、私ごときが年の差を超えた交わりをかたじけなくした。

おわりに

小文が掲げる「漢籍の往還」というテーマのうち、「往」はともかく「還」の方は、本書の副題「日本への旅路」にそぐわないと思われるかもしれない。しかし「還（流）」とは、「日本への旅路」を通って来た書籍が膨大であればこそ、その中に中国で失われた書籍が含まれるがゆえに生じる現象であろう。「中国の外に求める書籍があるのではないか」と行動に移す、入手する可能性を夢想する人々がいたことは、第一節から見てきたとおりである。

中国側の情勢に呼応するかのように、努めて珍しい漢籍を探す日本人も現れる。先行する還流の伝統を受けた『佚存叢書』は、当初より中国での流布をも前提とし、実際に海を渡り、そして第三節で見たように日本へ帰って来る例すらあった。規制の有無は措いて、歴史の中で日中間を人が容易く往来できた時代はそう長くなかった。ただ、それでも人の動きに伴い内容が、また十九世紀以降はモノとしての形を含め、意外なほど頻繁に書物は往還した(34)。

官板『又玄集』の例を思い返されたい。日本では板木が製作され量産が可能だった書籍が、実は中国では亡びた「佚存書」であった(35)。中国が漢籍の本場である点は、動くはずは無い。だが中国の外に伝わった書物が本場とは全く異なる経緯をたどり、時に還流する様子から、文化の多様な在り方が窺えるように思われる。それを知るためにも往復の「旅路」とその先への注目も必要ではないか。そのような思いを抱いて、この一文を草した次第である。

注

(1) 王勇『奈良・平安期のブックロード』(大樟樹出版社、二〇一九年)一八〜二四頁参照。

(2) 呉越国を扱う近年の論文集として、瀧朝子編『呉越国 一〇世紀東アジアに華開いた文化国家』(勉誠出版、二〇二二年)がある。

(3) 柳幹康『永明延寿と『宗鏡録』の研究――一心による中国仏教の再編――』(法藏館、二〇一五年)四一頁。

(4) 畑中淨園「呉越の仏教―特に天台徳韶とその嗣永明延寿について―」(『大谷大学研究年報』第七集、一九五四年)。

(5) 竹内理三「「入呉越僧日延伝」釈」(『日本歴史』第八二号、一九五五年)。

(6) 竹内理三編『平安遺文』第九巻（東京堂、一九五七年）三五六四〜三五六六頁。

(7) 桃裕行「日延の天台教籍の送致」（『桃裕行著作集　第八巻　暦法の研究（下）』思文閣出版、一九九〇年、初出一九六八年）、後藤昭雄「藤原実頼・師輔の呉越王への書」（注二所掲書所収）。

(8) 榎本渉『僧侶と海商たちの東シナ海』（講談社学術文庫、二〇二〇年、原本二〇一〇年）。

(9) 竺沙雅章「宋代における東アジア仏教の交流」（『宋元仏教文化史研究』汲古書院、二〇〇〇年、初出一九八七年）。

(10) 遵式は『大乗止観法門』巻末「南嶽禅師止観後序」、『方等三昧行法』巻首「方等三昧行序」にその経緯を記す。ただ前者に寂照と出会った年を「咸平三祀」（この「祀」は年に同じ）とある点は「咸平六祀」の誤りだろう。

(11) 奝然や寂照に続いて、成尋も日本から北宋に仏書をもたらした。村井章介「天台聖教の還流——『参天台五臺山記』を中心に」（『日本中世の異文化接触』東京大学出版会、二〇一三年、初出二〇〇一年）。

(12) 袴田光康「徐福渡来伝承をめぐる断章——寛輔のこと——」（『翻訳の文化／文化の翻訳』第一二号、二〇一七年）。

(13) 王水照「《日本刀歌》与漢籍回流」（『半肖居筆記』東方出版中心、一九九八年）

(14) 「中堂事紀」は「世子植」と記すが王禃（「植」は誤り）は既に王位に即いており（元宗）、この世子（王の世継ぎ）は元宗の息子王諶《おうしん》（後の忠烈王）と考えられる。

(15) 平岡武夫「古書の幻想と文字の魅惑——豊坊の古書世学——」（『経書の伝統』岩波書店、一九五一年、初出一九四六・一九四七年）参照。

(16) やはり明代後期の官僚で学者の劉元卿（一五四四〜一六〇九）は日本との和議に際して、詔で『古文尚書』を日本に求めようと提案したが却下された（『万暦野獲編補遺』巻四「著述・経伝失書」）。

(17) 上書の時期などには異説もあるが、ここでは清・毛奇齢『古文尚書冤詞』巻一に従う。
(18) 福井保「佚存書の輸出」(『内閣文庫書誌の研究――江戸幕府紅葉山文庫本の考証――』青裳堂書店、一九八〇年、初出一九五九年)。約二十種というのは『佚存叢書』を一種と考えての数である
(19) 山本巌「七経孟子考文補遺西渡考」(『宇都宮大学教育学部紀要』第四〇号第一部、一九九〇年)。
(20) 近藤正則「快烈公林述斎先生」(『斯文』第一二一号、二〇一二年)。
(21) 邢書航「江戸儒者林衡《佚存叢書》考述」(張伯偉編『域外漢籍研究集刊』第一五輯、中華書局、二〇一七年)。
(22) 江戸時代までの状況は大庭脩『漢籍輸入の文化史――聖徳太子から吉宗へ――』(研文出版、一九九七年)で概観できる。
(23) 大庭脩『江戸時代における唐船持渡書の研究』(関西大学東西学術研究所、一九六七年)六五四頁。
(24) 高取町史編纂委員会編集『高取町史』(高取町教育委員会、一九六四年)一七四～一七五頁。
(25) 鄒濤編『趙之謙年譜』(栄宝斎出版社、二〇〇三年)。また比較的近年に開かれた趙之謙の書画を主題とする展覧会の図録に台東区立書道博物館編集『趙之謙の書画と北魏の書―悲盦没後一三〇年―』(台東区芸術文化財団、二〇一四年)がある。
(26) 蘇精「陶湘渉園」(『近代蔵書三十家(増訂本)』中華書局、二〇〇九年)。
(27) 高田時雄編『陶湘叢書購入関連資料』(京都大学人文科学研究所附属東アジア人文情報学研究センター、二〇一〇年)。
(28) 陳捷『明治前期日中学術交流の研究―清国駐日公使館の文化活動―』(汲古書院、二〇〇三年)、王宝平『清代中日学術交流の研究』(汲古書院、二〇〇五年)。
(29) 『唐宋詞人年譜』「韋端己年譜」二〇～二一頁。『唐宋詞人年譜』は後に『夏承燾集　第一冊　唐宋詞人年譜』(浙江古籍出版社・浙江教育出版社、一九九七年)に再録される。

(30)　清水の書評一四八～一四九頁。この書評は清水茂『中国詩文論藪』(創文社、一九八九年)に再録される。

(31)　なお李玉・王燕均編著『北京大学図書館蔵日本版古籍書目（下）』(線装書局、二〇一九年)二九〇頁に官板『又玄集』の書誌情報が掲載され、登録番号から燕京大学の旧蔵書と考えられる。同大学は一九五二年に閉校となって資産の多くは北京大学に移管されたので、夏承燾が『唐宋詞人年譜』を著した頃には北京大学図書館が同書を既に収蔵していたはずである。ただ各大学の書籍目録が備わっていなかった時期なので、中国における官板『又玄集』の存在に気付かなかったとしてもやむを得ない。

(32)　『夏承燾集　第七冊　天風閣学詞日記（三）』(浙江古籍出版社・浙江教育出版社、一九九七年)。

(33)　「慶祝夏瞿髯教授従事学術与教育工作六十五周年（八四年十一月十七日）」に「遺珠曽献西湖畔［自注『又玄集』］」、高教屡蒙東海盧」、「夏瞿髯教授挽詞（八六年五月十一日逝世、七月二日成）」に「曽呈一愚得、繆辱忘年交」とある（瞿髯《くぜん》は夏承燾の号）。清水茂著、京都大学文学部中国語学中国文学研究室編輯『流観室詩詞稿　附：清水茂先生退休後著作目録』(二〇〇八年)二七～二八、三一頁。前者に付された編者の按語に清水と夏の遣り取りについての考証が見える。

(34)　日本から中国への書籍の動きに注目した研究に大庭脩・王勇編『日中文化交流史叢書　第九巻　典籍』(大修館書店、一九九九年)がある。

(35)　「佚存書」とは地域間の疎隔を前提とした観念で、国境を越えた交流の活性化、書籍や情報の流通と共に解消する方向にあると考えられ、今後は中国の外に伝わった漢籍の研究において、新たな視点が求められよう。住吉朋彦「佚存書の発生　日中文献学の交流」(金文京編『東アジア文化講座　第二巻　漢字を使った文化はどう広がっていったのか　東アジアの漢字漢文文化圏』文学通信、二〇二一年)参照。

王勃の作品集の旅

道坂昭廣

はじめに

日本に王勃の文集の写本が保存されている。王勃（六五〇―六七六?）は四傑、また王楊盧駱と併称され、楊炯（六五〇―六九五?）盧照鄰（六三七―六八九?）駱賓王（六四〇?―六八四?）とともに初唐を代表する文学者であった。王勃の文集の渡来は、遣唐使がその文集を中国で偶然手に入れたといったようなものではなく、当時の中国における流行を見て持ち帰ったと考えるべきであろう。

文学史において初唐という時期は、華やかな盛唐の文学を準備した時期と位置づけられる事が多く、王勃自身も一般的にはさほど有名な文学者ではないかもしれない。しかし彼は文学史において一時期を画した作家の一人であった。例えば王勃等の孫の世代となる杜甫に次のような有名な詩がある。

杜甫「戯為六絶句其二」（訓読は『杜甫詩注』による）

楊王（一作王楊）盧駱当時体，　楊王盧駱　当時の体，

軽薄為文哂未休。　軽薄　文を為り　哂いて未まだ休まず。

爾曹身与名倶滅，　爾が曹　身は名と倶に滅ぶ，
不廃江河万古流。　廃れず　江河万古の流れ。

吉川幸次郎・興膳宏『杜甫詩注』（第九冊二七一頁　岩波書店　二〇一五年）の訳文をあげよう。「楊王盧駱のむかしの詩体を、今は軽薄な文学としてひどくバカにする。お前たちの身も名も滅びてしまった後でも、四傑は大河の永遠の流れの如く不朽だぞ。」とし、「軽薄」は杜甫の時代の王勃たちに対する評価、「爾曹」は王勃らの文学を理解できない人々とする。鈴木虎雄『杜甫』（第四冊一三四頁　岩波文庫　一九六五年初版）は「そのころの文体をいまの軽薄文士どもはわろうてやまない」と「軽薄」を現在の文学者とする。近年出版された『杜甫全詩訳注』（第二冊四三七頁講談社学術文庫　二〇一六年）『新釈漢文大系・杜甫』（下冊二五頁明治書院　二〇二三年）も鈴木訳を踏襲する。いずれにしても、その真価を理解する人は少ないが、王勃たちは一時期を代表する文学であったと杜甫が評価していたとする点は一致する（ただし「四子の文は、大率浮麗なり。故に公は之（四傑）を以て軽薄にして文を為ると為して、之れを哂いて未だ休まざるなり」（趙次公）と「軽薄」を四傑の文学とすることは吉川・興膳と同じだが、それを杜甫自身の評価とする説もある。しかし六絶句全体を読むと、やや無理な解釈と思われる）。この詩の解釈はひとまずおき、遣唐使が日本に持ち帰ったのは、まさしく「当時体」とされた時期であった。

第一章　王勃の文集の渡来　「テキスト」としての王勃の文集

現在日本に伝わる王勃の文集は以下の二種である。

正倉院蔵『王勃詩序』（以下『正倉院本』）。正倉院に保存されてきた王勃の詩序のみを集めた一巻。四一篇の詩序が録されており、そのうち二〇篇は中国では失われてしまった佚文。二一篇は中国にも伝わるが、各作品の文字には異同がある。

もう一種類は、『王勃集』巻二八の一巻と『王勃集』巻二九・巻三〇が繋がれた一巻の計二巻である（以下『王勃集』残巻）。巻二八は上野家が所蔵する。内容は墓誌四篇、全て佚文である。このうちの「陸録事墓誌」は切り取られていたが、四枚合計二一行が二一世紀に入って発見された。静岡県熱海市にあるMOA美術館が所蔵する古筆手鑑『翰墨城』の中の伝橘逸勢筆一枚三行、佐藤道生博士所蔵の各三行二枚。中国・楊氏所蔵一枚十二行である。

巻二九巻三〇を繋いで一巻とした『王勃集』は現在、東京国立博物館が所蔵する。王勃の作品七篇（巻二九）と友人親戚の文（巻三〇）で、これも全て佚文である。巻二九最後の作品「祭高祖文」は切り取られていたが、この一篇も現在東京国立博物館が所蔵する。巻二八から巻三〇は字体や巻頭、巻末の表記、一行十五字から十七字といった書式そして書風も共通しており、

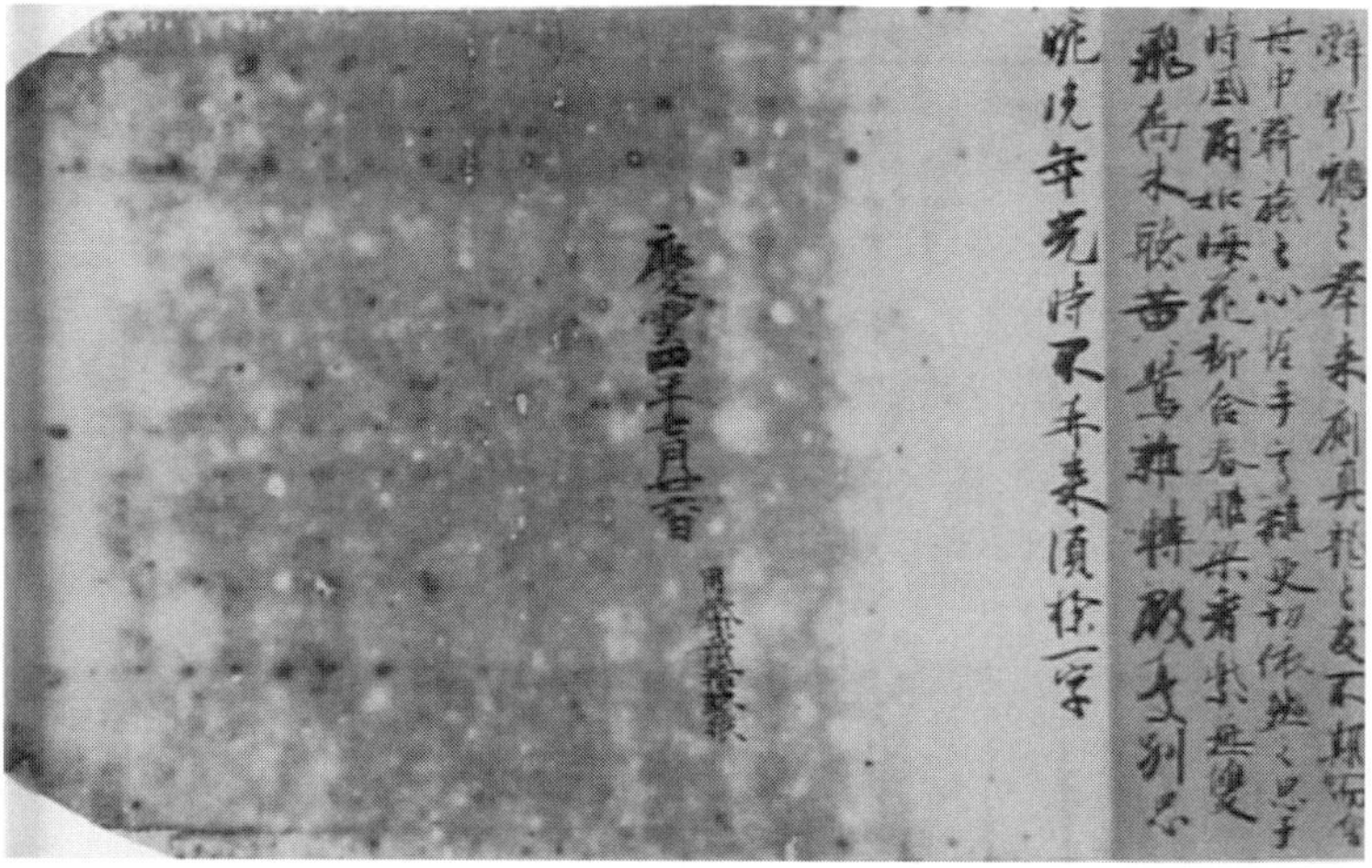

図1　正倉院本巻末

『王勃集』全三〇巻のなかで、幸いにして残った三巻である。『王勃集』残巻は中国で筆写された唐鈔本と考えられている（日本人が筆写した日本鈔本とする説もある）。一方、『正倉院本』は巻末に慶雲四（七〇七）年という日本の年号が記録されており（図1）、日本人によって筆写されたものであることが明らかである。また『王勃集』残巻の用紙が楮紙であるのに対し、『正倉院本』は、最高級の麻紙を彩色したものであり、当時流行していた欧陽詢風の書体で綴られた、特別に作られた一巻である。

『正倉院本』について、内藤湖南はその底本は『王勃集』とは別の時期のテキストであると指摘している（「上野氏蔵唐鈔王勃集残巻跋」一九一〇年）。私もその説に賛成する。仮に巻二八から巻三〇を含む『王勃集』が日本で転写されたものであったとしても、その整った書式は、複製を作ろうとしたものである。一方で正倉院本はそれらと書体が異なるだけでなく、一紙の行数や一行の文字数が不定であり、

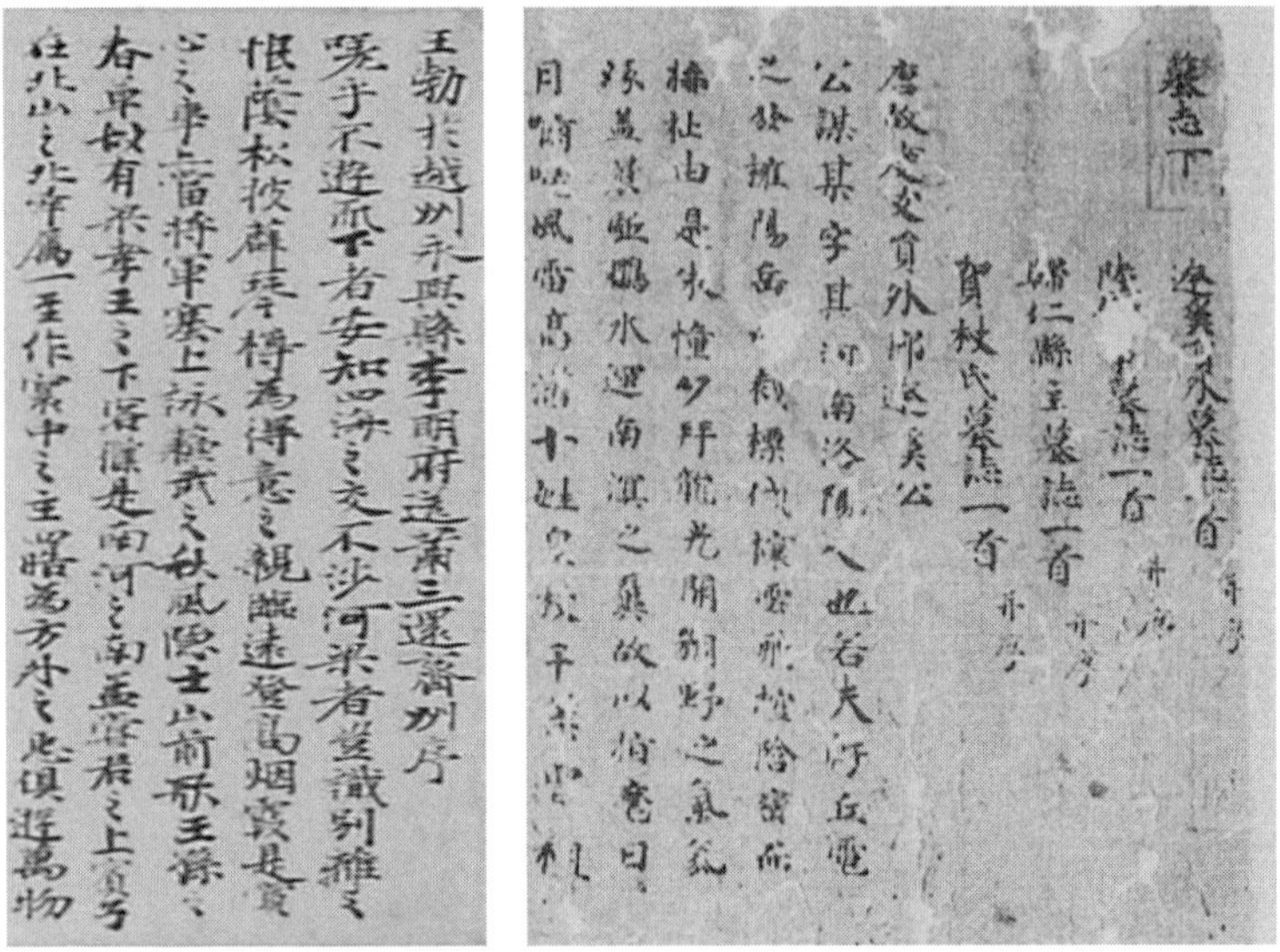

図2　『王勃集』巻28（右）と『正倉院本』の巻頭画像（左）

複製を作ろうとしたものではない（図2）。つまり書写目的が異なる。さらに『正倉院本』の詩序には「以下闕」として文章が途中で終わっていることを明示している作品があるが、中国に伝わる同じ作品を見ると、その後に文字が続いている。全集本である『王勃集』を底本としたのであれば、不完全であることを知りながら採録することはなかったであろう。これらのことから『王勃集』編纂前後、それとは別に王勃の詩序のみを集めたテキストが存在し、それを日本人が筆写したと私は想像する。

では『正倉院本』の底本となった詩序集や『王勃集』が何時日本にもたらされたのか。その時期を私は明確にすることはできない。今七〇七年帰国の遣唐使によって持ち帰られたものであろうとする蔵中進氏の推測を紹介しておく（「正倉院本『王勃詩序集』について」『正倉院本王勃詩序訳注』所収　翰林書房二〇〇一

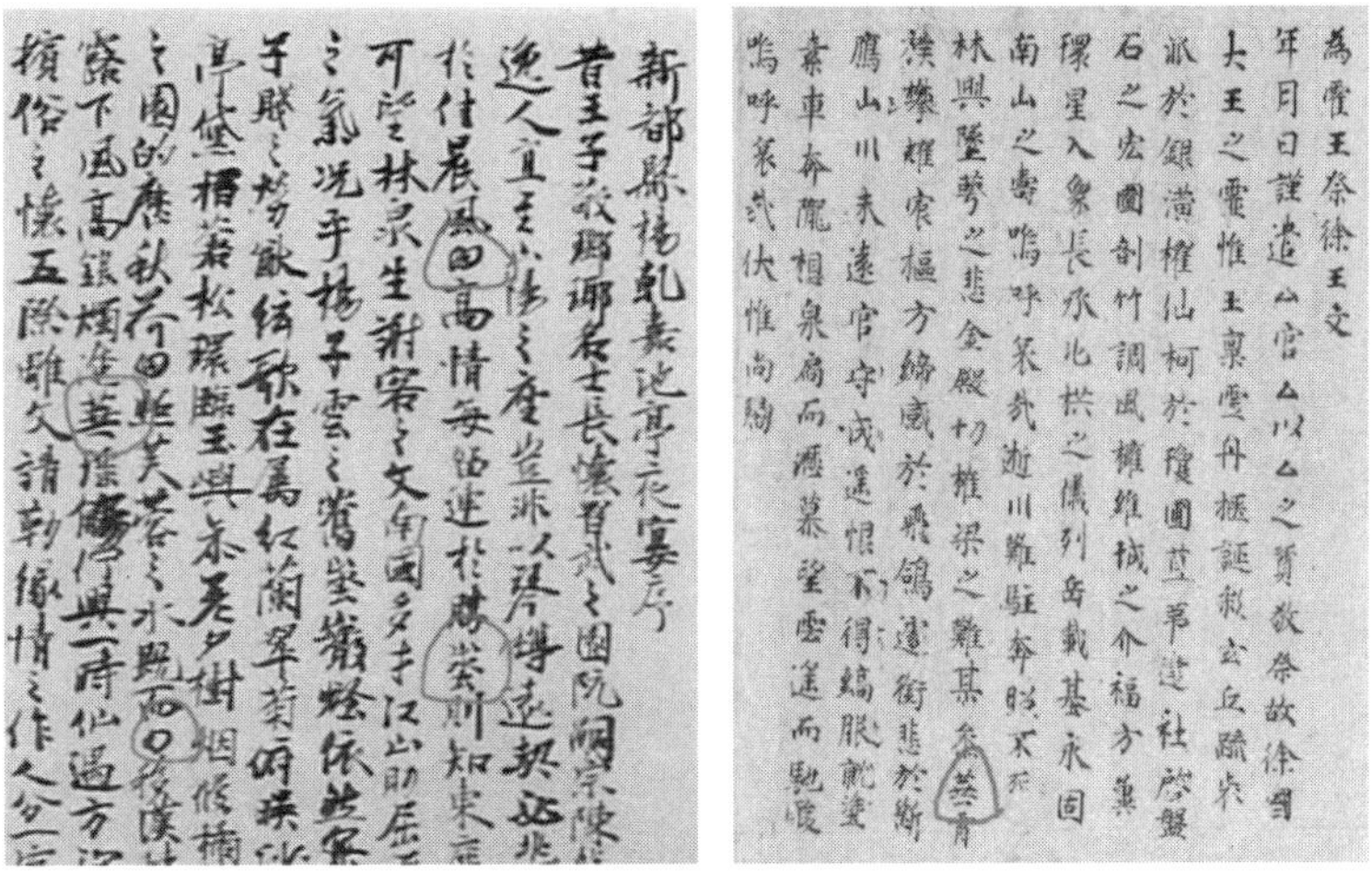

図3　『正倉院本』「華」字欠筆と則天文字（右）。『王勃集」の「華」字（左）

四年）。ただこれらがいつ頃筆写されたのか、『正倉院本』については、いつ頃の作品集を底本としたものであるのかについては、その期間を限定することができる。

『王勃集』残巻は「華」字の最後の一画が書かれない。即ち「華」字が欠筆されているのである。一方『正倉院本』は、「華」字欠筆だけではなく、則天武后政権時期に作られた特殊な文字（則天文字）が使用されている（図3）。「華」字欠筆は則天武后の祖父の名前が華であったことから、華字の使用を禁じたという記録が『新唐書』則天皇后本紀にある。史書は、それを彼女の即位前の垂拱元年のこととする。ただ出土唐代墓誌で華字を調べると垂拱元年の墓誌には欠筆を見つけることはできないが、垂拱二（六八六）年になると欠筆している墓誌が発見される。その後華字の使用自体が少なくなっているが、欠筆は則天武后政権の終了まで続く。

則天文字は彼女が皇帝に即位した載初元（六九〇）年か

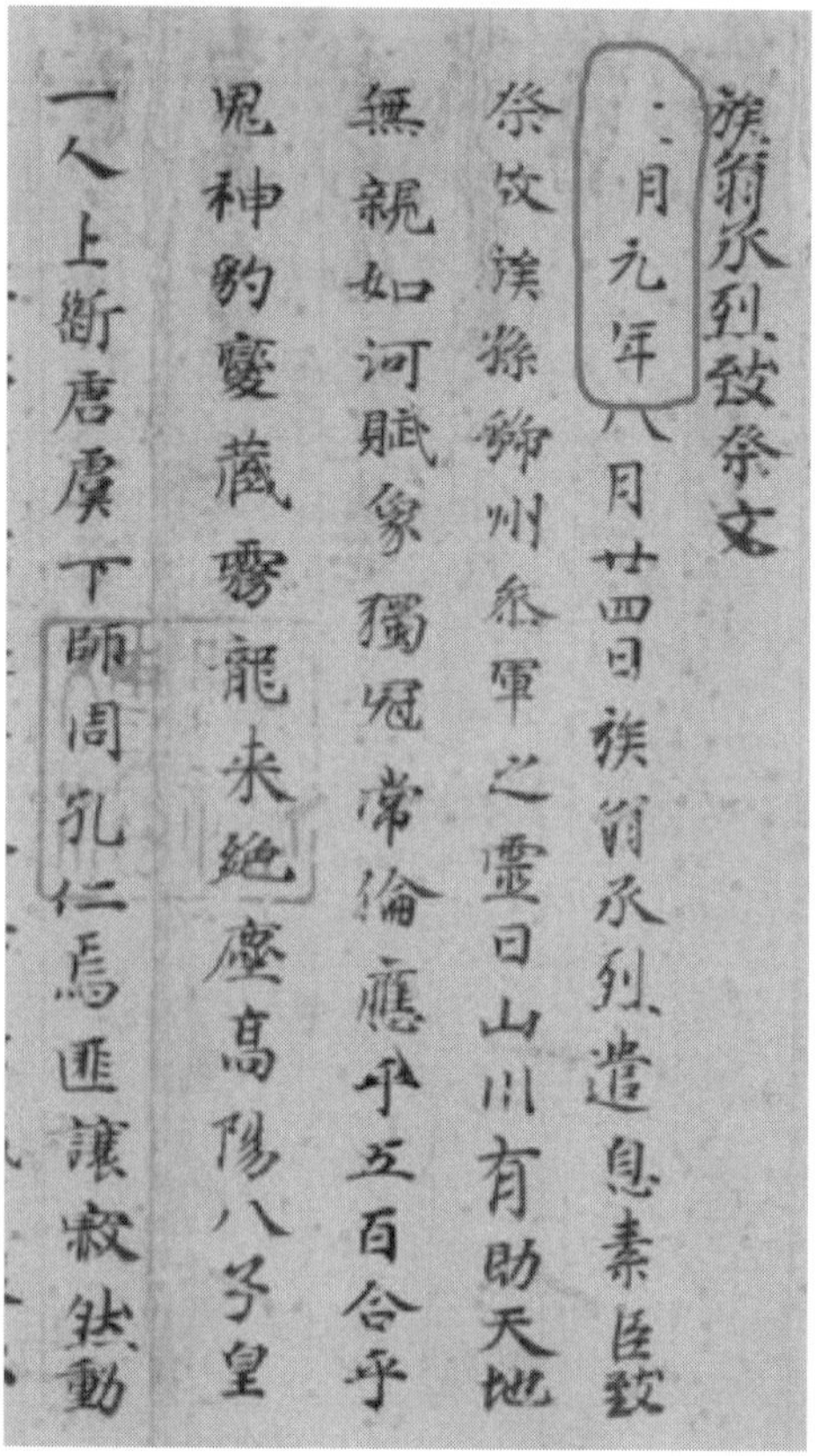

図４　文明の紀年

ら、何度かに分けて発布された。則天文字の使用が終わるのは、華字欠筆と同じく彼女の政権崩壊時（七〇四年）である。つまり「華」字欠筆と則天文字の廃止は同時であるが、その開始時期は異なるのである。その時間差に着目すれば、日本の残る『王勃集』残巻は六八六年から六九〇年までに筆写されたテキスト、『正倉院本』は則天文字が使用された期間、即ち六九〇年以降七〇四年の間に筆写されたテキストが底本であったと判断することができる。

ではそもそも、王勃の文集はいつ編纂されたのだろうか。四傑の一人楊炯が作った『王勃集』の序文によると、王勃の死後、兄弟が彼の作品を収集し文集を編纂したという。中国に現存する王勃の作品、日本に伝わる『王勃集』残巻、『正倉院本』のなかで作成時期が最も遅いのは、彼の親戚と称する王承烈が王勃の霊を慰める為に作った祭文である（巻三〇）。文章の最初、年号の部分が損傷しているが（図4）、文字の痕跡や王承烈の経歴を考えると、この紀年は「文明」と考えられる。文明は一年（六八四年）で改元された。また文明元年九月王承烈が暮らしていた揚州を根拠地として則天武后に対する大規模な反乱が勃発する。反乱自体は短期間で収束したが、これに連座した人物は多く、「王勃集序」を作った楊炯も親戚が関わっていたため、垂拱二（六八六）年正月には左遷されて四川の地方官吏に着任しており、序文はそれまでに書かれたと考えられている。故に『王勃集』の完成は、六八四年後半から六八六年までとなる。

650　生？　　676　没？
684　王承烈「祭王勃文」
　　（楊炯「王勃集序」）
685　「王勃集」完成？
686　「華」字欠筆始まる
　　｝『王勃集』巻28～巻30筆写期間
690　則天文字使用始まる　（「華」字欠筆は継続）
　　｝『正倉院王勃詩序』底本筆写期間
704・5　則天文字使用終了　（「華」字欠筆も終了）
707　（光明皇后）王勃詩序書写

図5　王勃文集関係年表

『王勃集』の編纂を文明元年後半から次年とし、「華」字欠筆と則天文字使用時期を簡単な年表にしてみた（図5）。日本に伝わる『王勃集』が仮に「華」字欠筆のみが行われていた最後の年である六九〇年に筆写されたとしても、それは王勃集編集後五年以内のテキストと見なすことができる。遣唐使は文字通り『王勃集』編纂直後の文集を入手し、持ち帰ったのだ。王勃がまさに最新流行の作家として喧伝されていたからであろう。

『正倉院本』が基づいたテキストは則天文字を使用してお

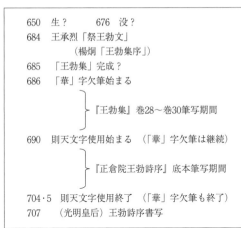

り『王勃集』より後に筆写されたものである。ただ『王勃集』編纂以前の作品集を則天文字通行時期に筆写したテキストであった可能性もある。詩序というジャンルは唐に入って大流行し、王勃はその代表的な作者であった。それゆえ王勃の詩序だけを集めた文集が中国で流通していた可能性はあると思われる。『正倉院本』は詩序というジャンルにおける王勃の位置を明確に示す。

『正倉院本』は七〇四年までに書写されたテキストを底本としており、王勃の死後約三〇年、『王勃集』とは別系統の文集であったとしても、非常に早い時期の王勃の作品集ということができる。一方中国における『王勃集』はどのような状況であったのだろうか。

宋代に大規模な総集である『文苑英華』が編纂された。王勃の作品も詩や詩序、碑文などジャンル別にこの書に採録された。後に『文苑英華』は刊本（木版印刷本）として普及したこともあり、兄弟が編纂した『王勃集』の写本は中国では失われてしまった。明代以降、今度は『文苑英華』を主な取材源として王勃の作品を収集し、再編集した『王勃集』が幾種類か中国に存在することになった。そのなかで蔣清翊は当時見ることができた王勃の全ての作品に詳細な注を付して『王子安集注』（以下『集注』）を清の光緒九（一八八三）年に編纂した。この書は現在最も通行している王勃の文集である。この『集注』と『正倉院本』の詩序作品を見比べると、文字に多くの異同があることに気付く。もちろん『正倉院本』筆写者の誤写もあり、『正倉院

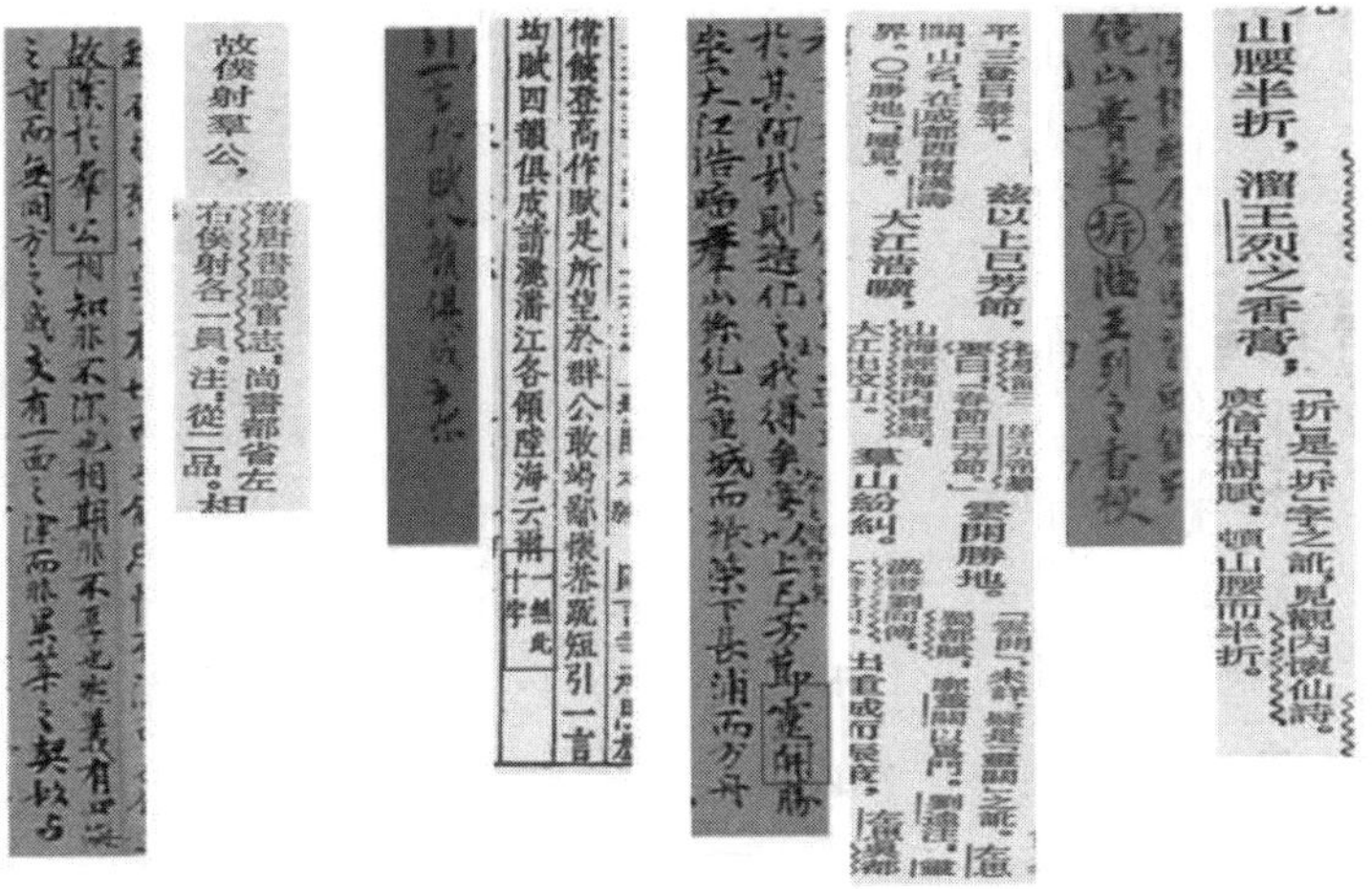

図6　正倉院との比較

本』と中国伝存作品との校勘は慎重でなければならない。しかし、王勃の作品に限らず中国では刊本として作品の文字が定着するまでに伝写が重ねられ、その間に有意無意の改変が行われることがある。一方で『正倉院本』は王勃の死後早い時期の作品集であり、かつ日本人書写者には少なくとも自分の文学観や古典知識に基づいて中国の流行作家の作品を推敲改変する勇気はなかったであろう。このようにテキストの性格の違いがあるので、校勘を通して『正倉院本』が王勃の詩序作品の当初の文字を伝えていたことが確認できる場合がある。幾つかの例を紹介する。(図6)

『集注』巻九「山亭興序」の「山腰半折，溜王烈之香膏(山腰半ば折れ，王烈の香膏を溜む)」という句に対し、蔣清翊は「折是坼字之訛，見観内懐仙詩。庾信「枯樹賦」頓山腰而半折(「折」の字は「坼」の字の間違い、詳しくは(王勃)の「観内懐仙詩」を参照。庾信の「枯樹賦」に「頓山腰而半折」という句がある)。」と注する。彼は「折」は「坼(タク・裂ける)という字の誤りだという。この句は、隠者の王烈が山中で修行中に山壁が裂けて仙薬がでてきたということを典拠としているので、蔣清翊の指摘は正しい。『正倉院本』のこの部分は彼が判断したように「坼」の字になっている。また彼の注で興味深いのは、南北朝末の文学者である庾信の作品の中に似た句があることを指摘している点である。王勃が文学活動を行っていた時期、庾信の文学は強い影響力をもっていた。恐らく転写の間に、庾信の句に類似した表現があることに気付いた筆写者が、王勃が基づいた表現と考え意識的に「坼」を「折」に書き換えたのだということを、蔣清翊は指摘したかったのではないだろうか。これは『文苑英華』により王勃の作品の文字が確定される前の段階で、筆写者の知識によって文字が書き換えられてしまった例である。

『集注』巻七「上巳浮江宴序」の「雲開勝地」の句に対して蔣清翊は「雲開未詳,疑是霊関之訛。左思「蜀都賦」廓霊關以為門。劉逵注,霊関山名,在成都西南漢寿界(「雲開」は分からない、「霊関」の間違いではないだろうか。左思の「蜀都賦」に「霊関を廓(ひら)きて以て門と為す。」とあり、劉逵は「霊関は山の名で、成都西南　漢寿の界に在る」と注する)。」と指摘する。この詩序は蜀(現在の四川省)で作られているので、蔣清翊は四川省にある山名が書き間違えられたと考えたのである。これも『正倉院本』は「霊関」に作っている。筆写者が「霊関」の地名を知らず、字体の似る「雲開」にしてしまい、そのまま王勃の作品はこの文字で定着してしまったのだ。

『文苑英華』編纂時期、王勃の文集は幾種類かの写本が存在していた。そしてその中には、『正倉院本』が基づいたテキストの系統の写本も存在していたようだ。王勃の代表作とされる「秋日登洪府滕王閣餞別序」の文末を『正倉院本』は「一言均賦，八韻俱成。云爾（一言均しく賦し，八韻　倶に成さんとしかいう）。」とする。この部分を『集注』は「一言均賦，四韻俱成。請灑潘江，各傾陸海云爾」とする。「八韻」と「四韻」の違いについて今は論じない。指摘したいのは『集注』の「請」以下の二句が『正倉院本』には無いということである。ところで『文苑英華』巻七一八に載るこの詩序は「一言均賦，四韻俱成。請灑潘江，各傾陸海云爾」と、『集注』と同じこの二句を記録しているが、ただ、『文苑英華』は「云爾」の下に小字で「一無此十字（別のテキストではこの十字がない）」と注する。『正倉院本』書写者が勝手に二句を省略したのではなく、底本は「此の十字（厳密には「云爾」がどちらにもあるので八字だが）」がないテキストだったのである。『文苑英華』に載る王勃の作品には所々「一作某字」といった注記が見られる。その幾つかは『正倉院本』の文字と一致する。これらの注記は『文苑英華』編纂時期に『正倉院本』が基づいたテキストが存在したということを証明する。

蔣清翊は「一紀（十二年）」の歳月を費やし、中国に伝わる王勃の全作品に注を附した。彼は精密に王勃の作品を読み、上のように伝写の間の誤りの可能性に言及しているのだが、その蔣清翊さえ気付かなかった誤りが『正倉院本』によって明らかになる例がある。その一つが『集注』巻九「秋夜於緜州群官席別薛昇華序」の「故僕射群公」という句である。この句に対し、蔣清翊は「『旧唐書・職官志』尚書都省左右僕射各一員。注，従二品。」と注する。この注自体は何も誤りもない。「僕射」は彼が指摘するように「(朝廷に設置された)尚書省」の「従二品」の高級官僚である。しかしこの詩序が作られたのは四川省の地方都市の官僚達の宴席であった。そのような席に朝廷の高級官僚がいたとは考えにくい。また『集注』に従えば「僕射と群公」と読むことになるが、参加者の中でも格段に高官である僕射に対する言及は作品の他の部分には全くない。『正倉院本』はこの部分を「僕於群公」(僕の群公に於けるや)と、「自分にとって宴席参加者の皆さんは」としている。「射」と「於」は書体によっては似た字形となる。しかしここでは『正倉院本』が書き間違いを犯したのではなく、中国において書写を繰り返すうちに、当初は「僕於」であった文字が「僕射」という官職に結びつき、その書き誤りが中国で定着してしまったと考えた方がよい。

このように『正倉院本』はその渡来、筆写時期の早さゆえに貴重というだけではない。日本人が持ち帰った文集は、王勃作品の当初の文字を伝える優れたテキストと見なすことができるのである。ゆえに中国に残る作品との校勘によって、王勃の文学作品の解釈が変わってくる可能性がある。先に紹介した「滕王閣序」は王勃の代表作とされる。中でも「落霞与孤鶩齊飛，秋水共長天一色」は名句と評される。ところが『正倉院本』は「孤鶩」を「孤霧」に作る。この対句は北宋の欧陽脩が言及して以降、評価も含め解釈に様々な議論が起こった。議論の多くは「落霞と孤鶩は斉しく飛び」の句を繞るものであった。「鶩」と「霧」は字形が大きく異なるので、誤写されたとは考えにくい、一方で同じ発音であり、日本あるいは中国のテキストがそれ故に書き誤った可能性がある。しかし同音であるが故に、それぞれの字に作るテキストが併存し、『正倉院本』の底本が「霧」に作るテキストであった可能性も否定できない。なにより「霧」であってもこの句は夕方の風景の描写として無理なく読むことができる。もし「霧」であったとすると、「鶩」とはどのような鳥か、「霞」と「鶩」の対は適切かといったこれまでの議論は根底から覆されることになる。

王勃の詩序は写されて保存されただけではない。当時の日本において読まれていたことは王勃の詩序の一句が書かれた木簡が出土していることから明らかである（東野治之「『王勃集』―役人の手習い」『書の古代史』岩波書店　一九九四年所収）。また日本最初の漢詩集『懐風藻』の詩序、『万葉集』に載る「梅花歌序」は、王羲之の「蘭亭序」を意識しているとされるが、その整った文体をみると直接の模範としたのは王勃をはじめとする初唐の詩序であったと思われる。それは『正倉院本』が筆写された時代、王羲之の書が愛されていたが、実際には王羲之の書風を継承するとされる欧陽詢や虞世南の書風を模範として、王勃の詩序が書写されたことと似る。

一方中国において王勃の作品はどれほど読まれていたのだろうか。王勃のやや後の時代、文学史において盛唐文学への道を開いた一人として高く評価される陳子昂（六六一―七〇二）の詩序等散文には、王勃の詩序を意識したと思われる表現が数例見られる。王勃の作品は同時代だけではなく後の世代にも歓迎されていた。そのことがよりはっきりとわかるのが『王勃集』巻二八の四篇の墓誌である。この巻は「墓誌下」と巻頭に書かれているので、当然巻二七は「墓誌上（或いは中）」であったと考えられる。王勃が作った墓誌はもっと多くあったのであろうが、現在残るのはこの四篇のみである（最近、王勃が作ったと考えられる墓誌一篇が中国で出土している）。

今、四篇の中から「唐故河東処士衛某夫人賀抜氏墓誌」を取り上げる。賀抜氏は夫（衛某）が亡くなった後、家庭を切り盛りし子供を育て上げた。県令となった子供が孝養を尽くそうとしたとき亡くなった。県令は王勃が四川滞在中（六六九頃―六七一頃）の庇護者の一人で、王勃はこの県令の依頼を受けて墓誌を作った。この墓誌は県令の母親に対する哀悼に満ちた作品である。ところで大足元（七〇二）年に作られた「大周故府君柏善徳夫人仵氏墓誌銘并序」という墓誌が二〇世紀前半に出土していた。並べてみよう（文章の重複を比較することを目的とするので、訓読・訳文は省略する）。

王勃「唐故河東処士衛某夫人賀抜氏墓誌（并序）」

夫人諱某，字某，某郡県人也。自裘裳北従，憑代野之宏基，旌旆南飛，纂（慕）軒台之遥構。鍾鼎共風霜相映，忠孝与公侯畳起。祖某，使持節涇州諸軍事涇州刺史。山川降祉，還膺列岳之栄，珪璧（璧）成姿，卒受連城之寄。父某，随岐州扶風県令。子游絃歌之術，竟屈牛従刀，士元卿相之才，終維驥足。

夫人操業貞淑，容範詳和。敬実礼与（輿），**孝為心極。先人有訓，将辞班掾之家，君子好仇，自入王凝之室。**春秋若干，帰于某官衛某，実河東之令望也。**門庭既穆，帷薄相和。傍稽内則之篇，下酌家人之繇。**乗竜独翥，上出雲霄，鳴鳳高飛，府（俯）清琴瑟。**既而陶門鶴寡，大野鸞孀，顧蒿里而難追，攀柏舟而易遠。**携撫孤幼，綏緝宗鄰，州閭欽歳暮之風，親党被日新之化。**故能使珠胎遂［　］，映樹長滋，秩累千鍾，堂崇九仞。**潘河陽之代業，班白承歓，衛洗馬之門華，清羸不痗。**蘭陔動詠，□□厚礼之思**（恩），**蓼径含酸，遽軫窮隧之酷。**以某年月日，遘疾終于密県之官舎，春秋若干。嗚呼哀哉。**重惟霊和受気，廉順呈姿，**神周得喪，行満夷険。自郄缺長［　］，黔婁不帰。**将開浄土之因，兼奉祇園之律。情超侶域，思入禅津。以為合葬非古，事乖衣薪之策，弘道在人，思矯封防之□。平居之時，受疏別壙，遷化之際，**驟形辞旨。遺命以三衣従窆，有子曰玄，官至梓州鄎県令。**聿遵先託，無累後人。践霜露而長懐，仰穹蒼而絶訴。以為逝川難反，懐橘之思徒勤，幽壠方深，負米之期不棄**（再）。**将欲蓬蒿平**（卒）**歳，縗絰終身，漿溢出於三年，苫塊幾乎十載。錫類之感，有識称焉。**以年月日，葬于女監（鹽）池之北原。嗚呼，**其生也栄，成訓終於禄養，其亡也哀，貽謀切於**

先覚。豈可使陵谷有変，空伝峴嶺之碑，天地相終，不勒泉亭之碣。敢憑誠委，敬為銘曰。

公侯盛業，忠孝霊因。実開（聞）英媛，作麗（儷）高人。蒿簪去飾，蓬戸全真（其一）。
鳴鳳馳響，乗竜載徳。道照嬪規，功流母則。率忠以孝，自家刑国（其二）。
柔姿外叙，貞心内映。粛睦禅襟，優游道性。陶寡標節，桓嫠作鏡（其三）。
王覇之妻，梁鳴（鴻）之婦。義存生外，声□□後。石古泉深，長天地久（其四）。

闕名「大周故府君柏善徳夫人仵氏墓誌銘并序」

夫人諱　，其先楚国人也。

夫人操業貞淑，容範詳和，敬実礼輿，孝為心極。先人有訓，将辞班掾之家，君子好仇，自入王凝之室。春秋十八，帰于柏氏。閨（王勃作門）庭既穆，帷薄相和，傍稽内則之篇，下酌家人之繇。既而陶門鶴寡，大野鸞孀，顧蒿里而難追，攀栢舟而易遠。故能珠胎遂映，玉（王勃無字）樹長滋，秩累千鍾，堂崇九仞。蘭陔動詠，方深厚褥之恩，蓼径含酸，遽軫窮之酷。以久視元年臘月廿三日遘疾，終于来庭県綏福里，春秋七十有三。嗚呼哀哉。重惟霊和受氣，廉順凝姿，将開浄土之因，兼奉祇園之律。情超俗（王勃作侶）境，思入禅津。以為合葬非古，事乖衣薪之業，弘道在人，思矯封防之典。平居之時，願（王勃作受）疏別壙，遷化之際，固留遺命。子孝感，金部主事。聿遵先託，無累後人，践霜露而長懐，仰穹蒼而絶訴。

以為逝川難及，懐橘之思徒勤，幽壠方深，負米之期不再。将欲蓬蒿卒歳，縗絰終身，漿溢出於三年，苫塊幾乎千（王勃作十）**載。錫類之感，有識称焉。**大足元年五月十二日，葬於北邙之原。嗚呼，**其生也栄，成訓終於禄養，其亡也哀，貽謀切於先覚。豈可使陵谷有変，空伝硯**（王勃作峴）**嶺之碑，天地相終，不勒泉亭之碣。敢憑誠委，敬為銘曰。**

星辰聚徳（王勃作公侯盛業），**忠孝相因。実開英媛，作儷高人。蒿簪去飾，蓬戸全真**（其一）。

嗚鳳馳響，乗竜載徳。道照嬪規，功流母則。率忠以孝，自家形国（其二）。

柔姿外叙，貞心内映。粛穆禅林，優遊道性。陶寡標節，桓釐作鏡（其三）。

王霸之妻，梁鴻之婦。義存生外，声彰没後。石□泉深，天長地久（其四）。

それぞれ表現が重なる部分を太字で示した。「仵氏墓誌」は「賀抜氏墓誌」にある夫人の先祖から父までの家系を紹介する冒頭の部分、死去の時間、葬地、遺児の名前官位など所謂個人情報と、夫の衛某や夫人の美徳を示す一部の対句を省略しているが、王勃の作った墓誌の構成と表現をそのまま利用している。これほど全面的に利用されているわけではないが、王勃が作った四篇の墓誌はみな単なる語彙ではなく、対句表現がそのまま利用されている例を唐代前半期の墓誌に発見することができる。賀抜氏を含め、王勃が墓誌を書いた四人は、この墓誌以外全く記録に残っていない。所謂著名人であったなら墓誌も広く知られ、模倣されたかもしれない。

しかし無名人の墓誌であるのに、その表現が模倣されているのは、それが王勃の作品であったからと考えざるをえない。王勃の表現が如何に人々の歓迎をうけていたかがわかる。その根底には彼の表現に対する人々の共感があったと考えられる。

王勃が作った墓誌作品は中国では失われ、蒼波の彼方日本の地で保存されていた。一方王勃の作品を利用した墓誌は深い地中にあって忘れられていた。遥かな距離に隔てられていた両者の関連が、遥かな時間を経て明らかになった。この再会は、これまで我々が知り得なかった唐代前半期における王勃文学の流行の様相を浮かび上がらせた。

この章の最後に、王勃たちについて歌った杜甫の詩についてあらためて考えてみたい。杜甫がいう「当時の体」とは、詩だけではなく、詩序や墓誌など散文のジャンルの作品にも示されていた南北朝時代の貴族文学とは異なる、新興官僚たちの公私それぞれの場における感情を盛り込んだ王勃たちの文学のことであろう。そのような文学に対する守旧派文学者の批判、或いは文学の趨勢に無自覚な人々に対する批判と、「軽薄」が指す対象については意見が分かれるが、杜甫が王勃たちの文学を評価していたとする解釈に、私も異論は無い。ただ諸先生の解釈は杜甫が王勃たちの文学を、過去の文学として捉えていたように読み取れる。しかしここに紹介したように、王勃の作品は杜甫の時期でもなお支持されていた。この事実から考えるとこの詩は、「当時彼らによって作り出されて、批判を受けながらも、杜甫を含む人々の強い支持を受け、共感をもって大河の流れのように引き継がれて行く文体」と解することができるのではないか。つまり第四句の「廃れない」と主張するのは、王勃たちの文学に限定されるものではなく、彼らを出発点とする文学の流れだったのではないだろうか。

日本に残る王勃の文集は古写本としての重要さとともに、唐代における王勃文学の影響の大きさを再確認させるテキストとしての重要さも持っているのである。

第二章　王勃の文集の発見　「モノ」としての王勃の文集

『正倉院本』はその後、正倉院に保存されたまま長く忘れられていた。一方『王勃集』残巻は「興福伝法」の印があるので、元々興福寺にあったようだが、流出散逸していった。王勃の二種類のテキストが発見されるのは明治以降であったが、発見後、すぐに影印本が作られ、広く日中の学界に知られることとなった。

明治に入り、政府は文物の調査に乗り出す。最初に行われたのは博物局（現在の東京国立博物館）局長町田久成が、明治五（一八七二）年に正倉院をはじめ京都奈良の寺社を中心に行った大規模な調査である。干支をとって壬申検査と呼ばれる。この調査について、同行した蜷川式胤（にながわのりたね）が『奈良の筋道』という日記を残している。また東京国立博物館には壬申

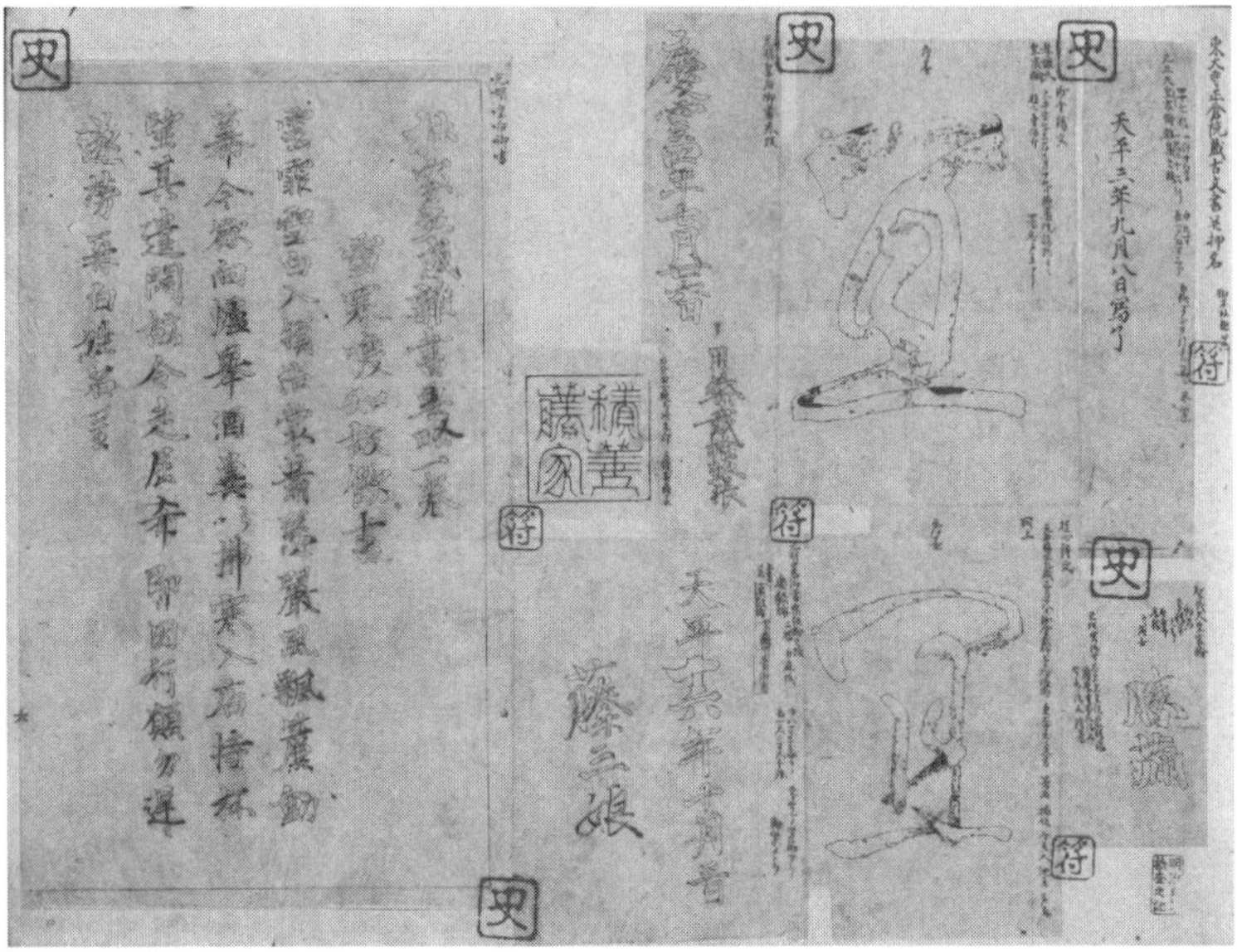

図７　壬申検査図録

検査の際に作成された図録（壬申検査寺社宝物図録）が保存されており、Ｗｅｂ閲覧（e-国宝）が可能である。この記録をみると『正倉院本』は光明皇后による筆写と鑑定されていたことがわかる。また紙背には紙の繋ぎ目に「積善藤家」の印があると記されている（図７）。この印は光明皇后が使用していたことが知られており、それも光明皇后筆写と判断した根拠となったのだろう。ただこの紙背の印については、その後の『正倉院展』をはじめとする図録や解説に見つけられない。

『東京国立博物館百年史』等に記録を見つけることができないのだが、博物局は『正倉院本』を石印印刷していた。私が調査した限りでは東京国立博物館、中国遼寧省図書館に所蔵がある。その石印には「明治十七年三月十七日出版届　博物局蔵版」と刊行年の記録がある。当時この石印本を手に入れた者の一人が楊守敬である。彼は同年五月二九日横浜を出帆して帰国し、その後『日本訪書志』（一八九七年）の中で『正倉院本』を紹介した。これにより日中の研究者に『正倉院本』の存在が広く知られることになった。『王勃集』の渡来と同じく、『正倉院本』は発見影印後、直ちに中国に伝えられたのである。ただ理由は不明であるが、博物局は一巻すべてを石印したのではなかった。『正倉院本』全三〇紙中一九紙を複製しただけで、まだその全貌は明らかにされてはいなかった。

時間を少し戻す。明治十二年、今度は大蔵省印刷局局長得能良介が壬申検査より広範囲にわたる文物調査を行った。彼自身の手になる『巡回日記』という調査日記が残る。彼は印刷局の技術向上のために発見された文物を石印印刷で影印することも目的としていた。そのため発見された文物のうち書跡は、『朝陽閣集古』というシリーズ名で刊行された。私が目睹し得たこのシリーズ各書の刊行年は、概ね明治十六年十二月と十七年八月に分かれる。『正倉院本』は「東大寺所伝詩序」の名で刊行されたが、残念ながら刊行年はわからない。私は楊守敬の帰国後の十七年八月ではないかと想像している。印刷局本は、博物局本と異なり、『正倉院本』一巻すべてを用紙二六枚に石印した。ただ部数は多くなかったようで、後述する羅振玉は印刷局本を見ることに苦労している。

一方『王勃集』残巻は、それぞれ別の時期に出現した。そしてどちらも、当初『王勃集』と

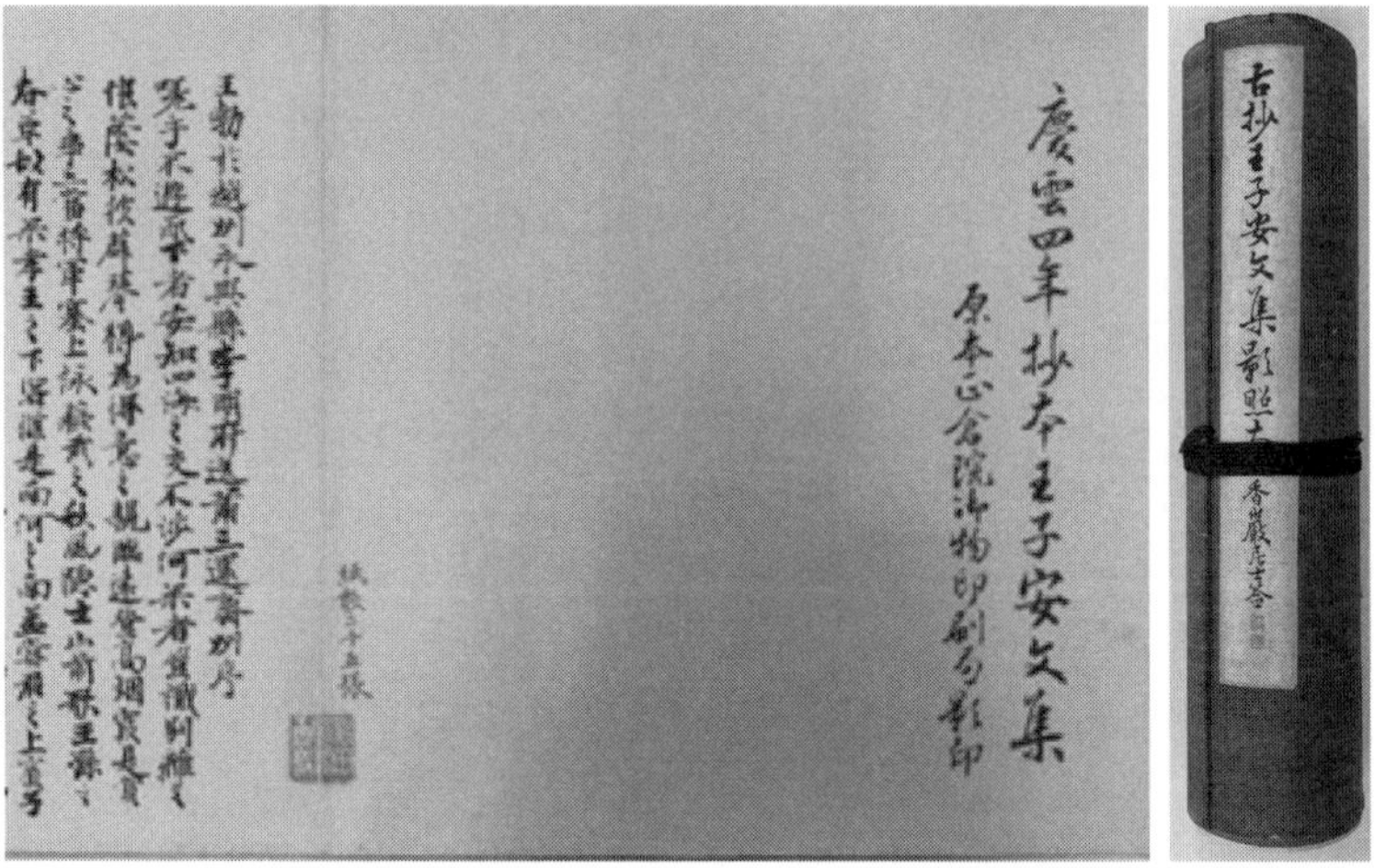

図8　『正倉院本』（景印・印刷局）・神田家旧蔵。羅振玉が借用したものか。

は気付かれていなかった。以下時系列に従って紹介する。

まず「集巻」と名付けられていた巻子本一巻が『王勃集』巻二八であったことが、内藤湖南によって発見される。朝日新聞社社主上野理一が菟原郡住吉村（現在の神戸市東灘区住吉）の吉田聆濤閣より購入した一巻であった。湖南は京都神田香巌が所蔵していた「祭高祖文」と比べ合わせることによってこれが王勃の文集の一巻であることに気付いたのであった。一九一〇年八月十五日　小川琢治宛の絵はがきに「とうとう見つかった例の上野氏所蔵巻子は唐の王勃集の一部也大成功で（ここに天狗の面の略画をかきあり。編者記）也。」（『内藤湖南全集』巻十四書簡三一五　四七六頁）とある。短い文面に湖南の喜びがあふれている。上野家は、神田家の許可を得て「祭高祖文」と湖南の跋文を附してただちにコロタイプ印刷を行った。その影印本は羅振玉にも贈られた。一九一一年より日本に滞在していた彼は、日本に残る古写本古刊本を積極的に紹介しようとしていた。王勃の文集もその対象の一つであったが、『正倉院本』の全貌を知るために印刷局本を求めていた。神田香巖の孫喜一郎より神田家が印刷局本をもっていることを知り、これを借り、上野家の巻二八と「祭高祖文」とともに『正倉院本』を翻刻し校記とともに『王子安集佚文』と題して活字印刷を行った。一九一八年である。このとき神田家が持っていたのは、明治十八年版ではなく、大正七（一九一八）年印刷局が再発行したものであった（図8）。羅振玉の熱意と湖南、神田家の協力によって日本に残る王勃の文集が広く知られることになった。

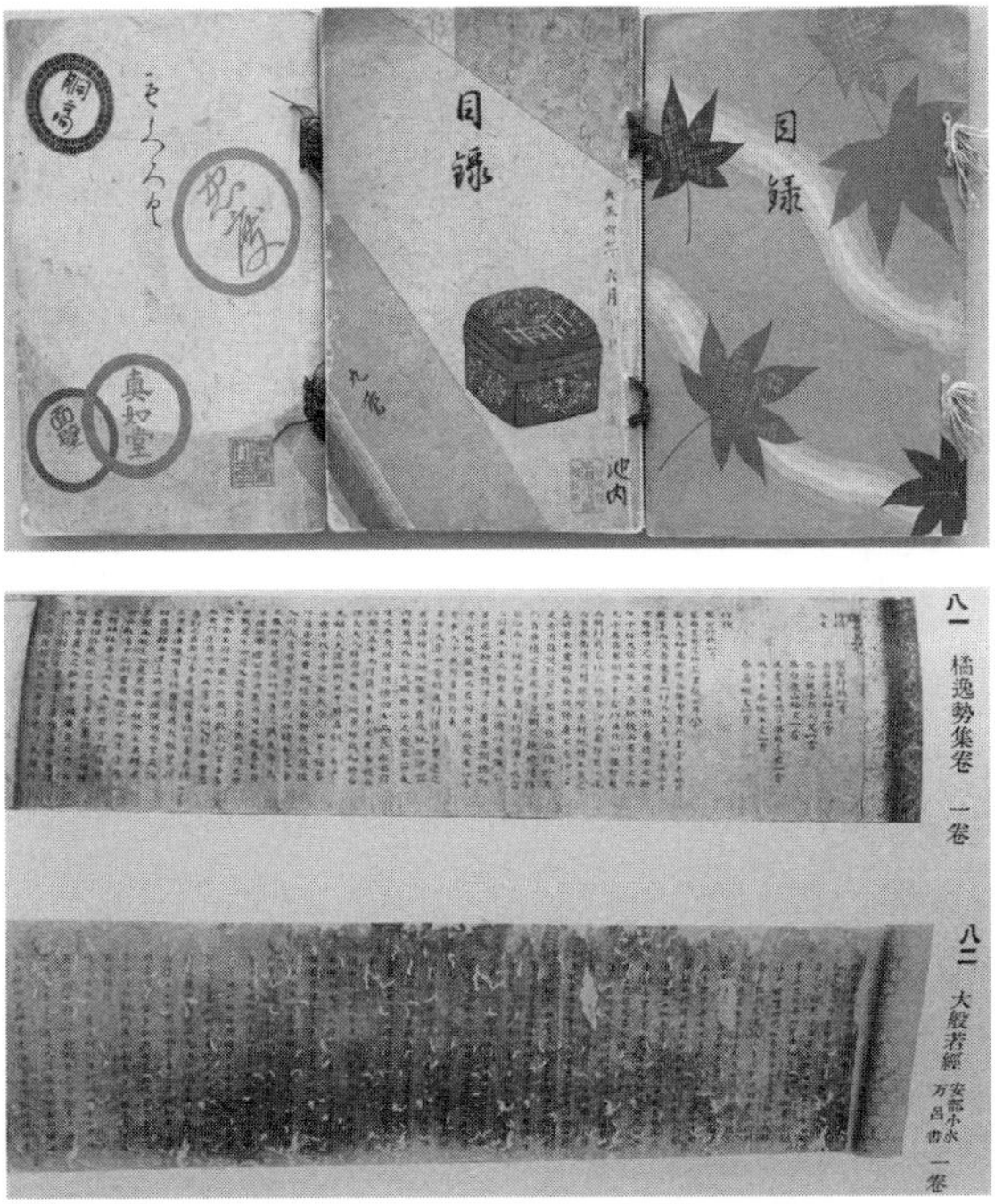

図9　赤星家オークション目録と「橘逸勢集」

羅振玉が『王子安集佚文』を刊行する前後、画家学者として著名な京都の富岡鉄斎の息子富岡謙蔵は東京赤星家のオークション目録にあった「橘逸勢集一巻」（図9）が『王勃集』の一巻であることに気づき、落札に成功した（一九一七年）。これが『王勃集』巻二九巻三〇が繫がれた一巻である。残念なことに謙蔵は翌年世を去り、羅振玉も長期に渡った日本滞在を切り上げて中国に戻ることになった。羅振玉は京都にあった邸宅を売却し、その資金を狩野直喜、内藤湖南ら京都帝国大学教授に託し、日本伝存古写本を影印出版するよう依頼した。そのことによって実現したのが『京都帝国大学文学部景印旧鈔本』のシリーズであるが、その第一集が富岡家所蔵の『王勃集』（一九二二年影印）であった。羅振玉はこのコロタイプ景印本を得て同年、『王勃集』巻二九巻三〇を加えた『王勃集佚文』改訂版を刊行した（一九二二年）。一八年版を補充改訂した二二年版があまり普及していないことは、羅振玉また富岡家にとっても残念なことである。

以上『王勃集』残巻の発見と影印翻刻によって世に知られることになった経緯を紹介した。ところで、赤星家のオークション目録で『王勃集』はなぜ『橘逸勢集』と題されていたのだろうか。最初に紹介したMOA美術館所蔵古筆手鑑『翰墨城』に入っていた三行の古筆切一枚も橘逸勢筆とする極札（鑑定書）がつけられていた。実は『王勃集』は王勃の文集であることが忘れられたのち、空海、嵯峨天皇とともに日本三筆と称される橘逸勢が筆写した文集として伝承保存されてきたようなのである。

『王勃集』巻二八を所蔵していた吉田家は住吉に古くから続く家で、十七世紀以降酒造業などで財をなした。江戸時代末、道可（一七三四―一八〇二）、道圓（一七六八―一八三二）、渚翁（一八〇二―一八六九）の三代に渡って出土物や武具など古代の文物、絵画、古写本などを収集し、その所蔵品を模写模刻した『聆濤閣帖』を刊行していた。ここに『王勃集』が、それと気付かれずに「集巻」の名で巻頭十一行が模刻掲載されていた。江戸末の書誌学者渋江抽斎・森立之編『経籍訪古志』に小島学古が塙忠宝から聞いたとして吉田家『聆濤閣帖』中に「集巻」が掲載されていることを記録しているので、この巻子本の存在は書誌学者にも知られていた。

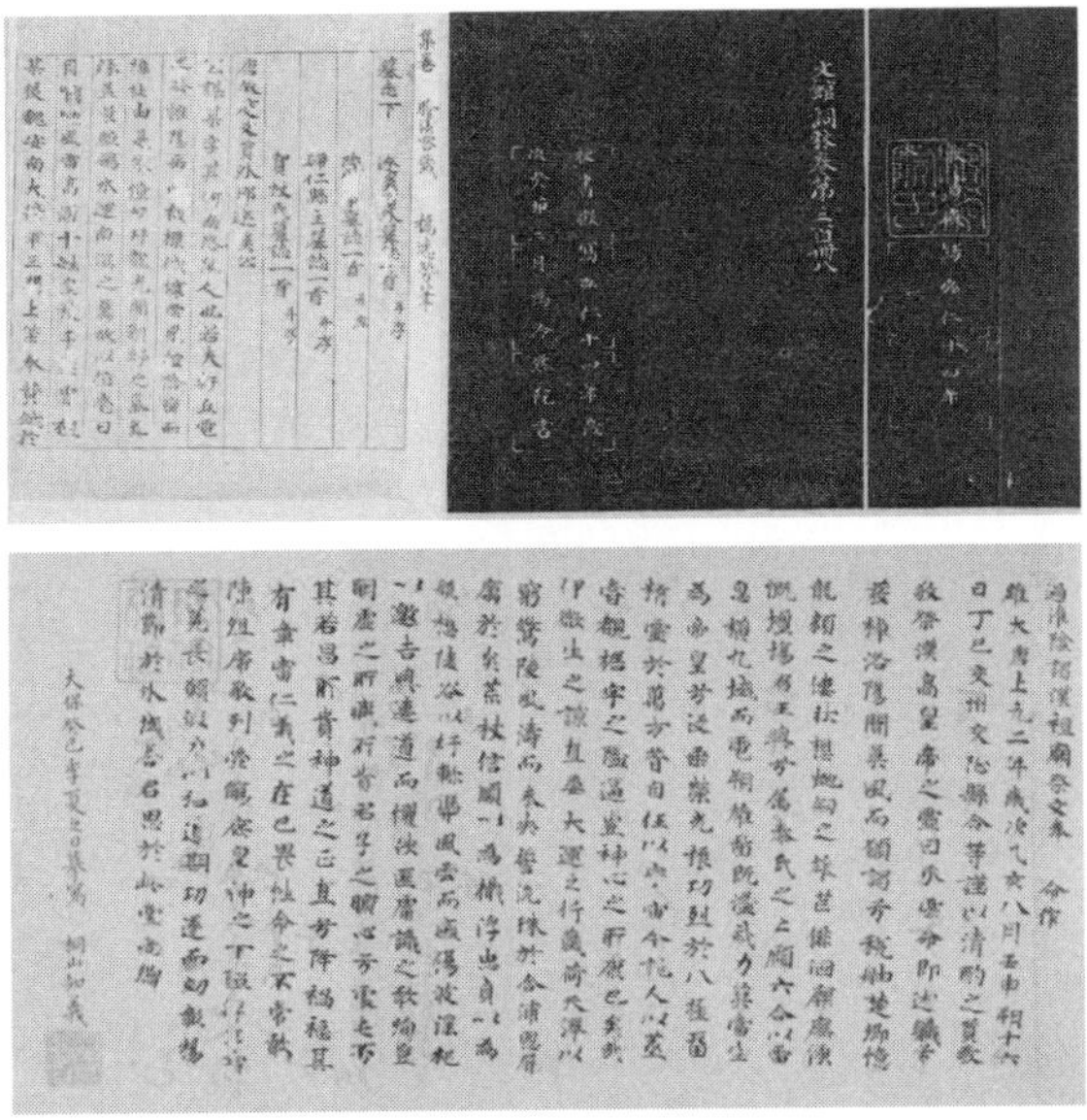

図10　『聆濤閣集古帖』（国立歴史民俗博物館蔵）
https://khirin-a.rekihaku.ac.jp/database/reitoukakushukocho

　千葉県佐倉市にある国立歴史民俗博物館が蔵する『聆濤閣集古帖』は、私がそれまで目睹し得た『聆濤閣帖』と異なり、彩色された大判の豪華なものであり、採録されている文物の図、模刻もはるかに多かった。「集巻」（『王勃集』巻二八）の頁を見たところ、欄外「集巻」の標題の下に、別筆で「聆濤閣蔵　橘逸勢筆」という記入があった。『王勃集』巻二九巻三〇だけでなく、巻二八も橘逸勢筆という伝承をもっていたのである。さらに巻二八が『王勃集』であることを発見するきっかけとなった、「祭高祖文」の模写が次葉に掲載されていた（図10）。これは『聆濤閣帖』にはなかった。「天保癸巳（四年）季夏之日模写　桐山知義」とある。この人物については詳しくはわからないが、京都の人物らしい。そして年号から考えると、神田家が獲得する前の所蔵者に吉田家が依頼したと考えられる。この連続する頁構成から、「祭高祖文」が『王勃集』巻二八（当時は「集巻」）と、同一文集、少なくとも極めてよく似た古写本の断簡だと吉田家は気付いたと思われる。しかし「祭高祖文」は『王勃集』巻二九に載る作品である。吉田家はなぜ『王勃集』巻二九から切り取られた断簡の存在を知ることができたのだろうか。

二〇二三年三月から五月、国立歴史民俗博物館は「いにしえが、好きっ！―近世好古図録の文化誌―」の題で吉田家と『聆濤閣集古帖』に関する企画展を開催した。そこで吉田家は巻二九（巻三〇）の一巻も所蔵していたとする記録が存在することを教えられた（『図録』一五八頁・二二九頁）。その情報を確認するため東京大学史料編纂所が所蔵する『史料蒐集目録』を閲覧した。この目録は明治十八年頃より重野安繹が主導した全国規模の史料調査の記録で、兵庫県は明治二一年に調査が実施された。この目録中に、「同（菟原郡）住吉村　吉田亀之助蔵」の一項が立てられ、吉田家の所蔵文書が箇条書きされていた。その中に、「一　集巻（第廿九）一墓志下」という記録があった。確かに吉田家は巻二九（巻三〇）の一巻も所蔵していたのだ。吉田家は巻二九巻頭の目録と巻の実際から、「祭高祖文」が切り取られていることを知り、この祭文の行方を捜索したのではないだろうか。吉田家の熱意と同時期の書誌学者（或いは吉田家と同様に、古写本を含む文物愛好者）のネットワークは賞賛に値する。更に佐藤道生博士所蔵の「陸録事墓誌」の断簡の一枚に聆濤閣の所蔵を示す「聆濤閣鑑蔵」の印が押されていることから考えると、吉田家は巻二八から切り取られた「陸録事墓誌」についても捜索をしていたかもしれない。吉田家はこの古写本に強い関心をもっていたようだ。

吉田家がどのような経緯で『王勃集』残巻を蔵することになったのかはわからない。そしてこの古写本を『王勃集』と気付いていたかもわからない。吉田家は誰の文集であるかについてはあまり興味がなかったのかもしれない。むしろ古写本としての貴重さ、橘逸勢筆とする伝承から愛蔵していたように感じられる。中国から渡来した典籍が誰の文集であるかといった基本的な情報を失っても、古写本として尊重されて保存されてきたことは、敬意をこめて記録しておきたい。

公卿家や寺社、江戸期には幕府や大名家が古写本古刊本を所蔵していたことは知られている。しかし江戸末期には好事家と書誌学者が一つのネットワークを形成し、それら古写本古刊本を含む文物を捜索収集し保存するようになったのだ。彼ら好事家の古写本に対する関心は、近代の書誌学、文学研究者の関心と異なるところがあるが、吉田家のような富裕な「市民」（一部の武士を含む）が典籍保存の担い手として日本の近世に登場し、近代の書誌学研究の基盤となっ

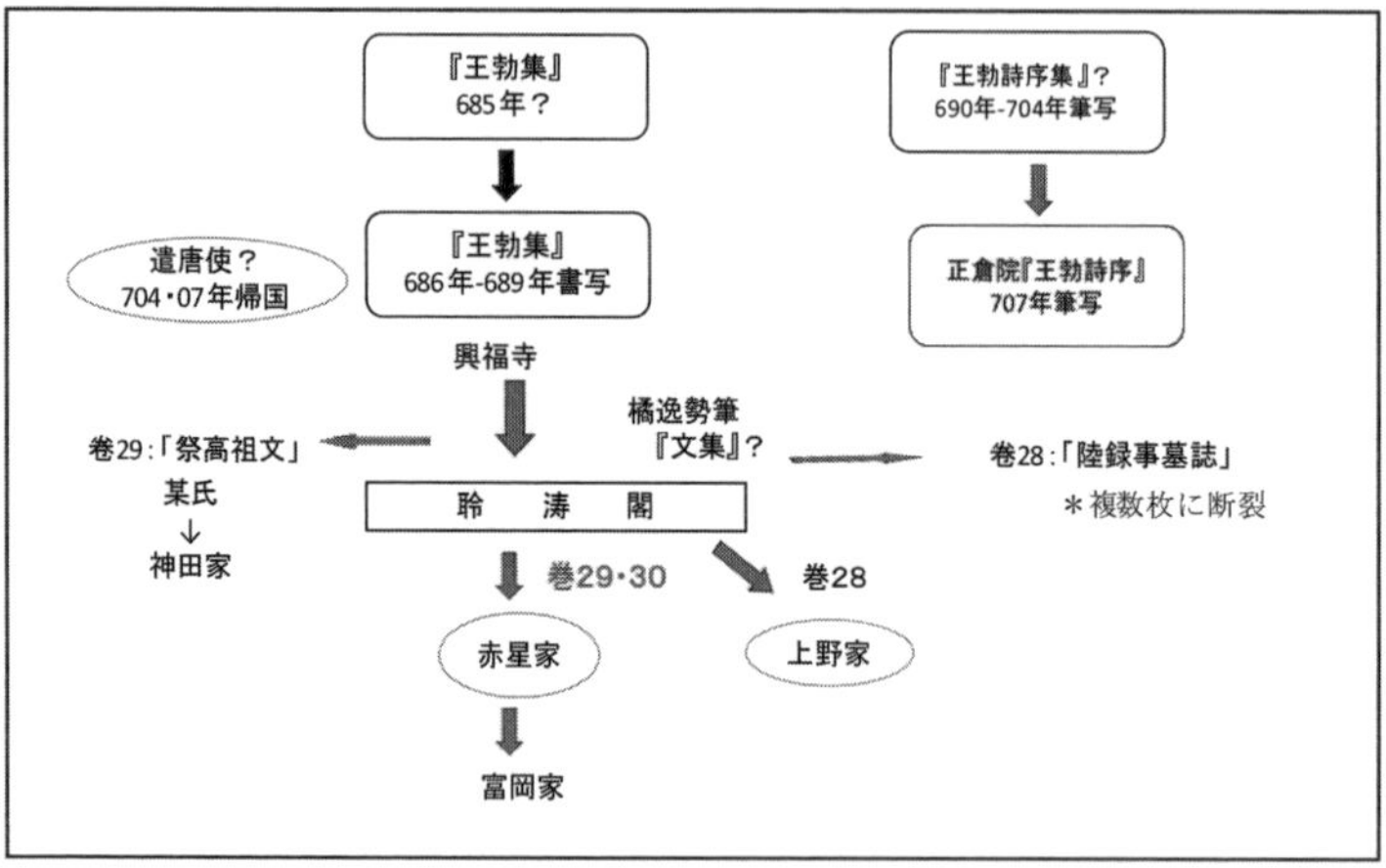

図11　王勃の文集移動図

たことは注目すべきと思われる。

おわりに

『日本国見在書目録』をみると、奈良時代から平安時代、多くの中国典籍が日本に渡来したことに驚く。その大部分が失われてしまった中で、『正倉院本』『王勃集』残巻が現在まで伝わったことは奇跡に近い。ただ以上簡単に紹介してきた『王勃集』残巻は、日本に渡来した中国典籍の中で幸運ではあったが、多くの典籍がたどった運命と共通するものでもあった。（図11）

王勃の文集の渡来は、日本人の中国の学術と文化に対する強い憧れに基づくが、典籍すべてに当てはまる渡来の動機である。その後『王勃集』残巻は、紙背が仏教関係の著述に利用されていることに示されるように、典籍としてではなく、仏教経典、また関連する記録類として散逸を免れた。一方で、その書風や古雅な趣きが珍重され収集保存されたということもまた、典籍が現代にまで伝わることになる幸運な理由の一つであった。明治以降、石印・コロタイプ印刷とそれぞれの時期の最新の方法による影印は、近代において日本に伝存した中国典籍全般に対する注目を高める重要な役割を果たした。なかでもそれらを利用した王勃の文集を繞る楊守敬、羅振玉、内藤湖南ら日中の学者の研究と協力は、日本に伝わった中国典籍古写本の長い旅路の完了を示す象徴的な意義を持つ。ただし王勃の文集をはじめとするそれぞれの典籍、特に文集には、それが編纂された時期の文学の状況、同時代の文学の中での位置づけ、文学作品に対する各時期の評価の変化など、解明を待つ情報が数多く残されていることが明らかになってきている。「モノ」としての典籍の旅の到着点は、「テキスト」としての典籍の新たな研究の出発点なのではないだろうか。

＊本稿で使用した画像について
『正倉院本』：宮内庁正倉院蔵
『王勃集』巻二八：一九一〇年コロタイプ景印本：筆者蔵
『王勃集』巻二九巻三〇：東京国立博物館蔵
『壬申検査寺社宝物図録』：東京国立博物館蔵
『聆濤閣集古帖』：国立歴史民俗博物館蔵

神田家旧蔵『朝陽閣集古・東大寺所伝詩序』：筆者蔵
『赤星家目録』：筆者蔵
蔣清翊『王子安集注』一九九五年上海古籍出版社排印
『文苑英華』一九六六年　中華書局　挑明隆慶刊本影印

貴重な典籍の写真使用を許可していただいた、宮内庁正倉院事務所、東京国立博物館、国立歴史民俗博物館に感謝申し上げます。

《執筆者》
矢木　　毅（やぎ たけし）　1964年生まれ　京都大学人文科学研究所教授　朝鮮中世近世史
永田　知之（ながた ともゆき）　1975年生まれ　京都大学人文科学研究所附属人文情報学創新センター　准教授　中国文学
道坂　昭廣（みちさか あきひろ）　1960年生まれ　京都大学大学院人間・環境学研究科　教授　中国文学

京大人文研漢籍セミナー10

続・漢籍の遥かな旅路——日本への旅路

二〇二四年二月　一日第一版第一刷印刷
二〇二四年二月一五日第一版第一刷発行

定価［本体一五〇〇円＋税］

編　者　京都大学人文科学研究所附属人文情報学創新センター
発行者　山本　實
発行所　研文出版（山本書店出版部）
〒101－0051
東京都千代田区神田神保町二－七
TEL　03（3261）9337
FAX　03（3261）6276
印刷・製本　モリモト印刷

ISBN978-4-87636-484-8

京大人文研漢籍セミナー シリーズ
第Ⅰ期完結!

古いけれども古びない
歴史があるから新しい

1 漢籍はおもしろい
総説 漢籍の時空と魅力 **武田時昌**/錯誤と漢籍 **冨谷 至**/漢語仏典—その初期の成立状況をめぐって **船山 徹**/使えない字—諱《いみな》と漢籍 **井波陵一**
1800円

2 三国鼎立から統一へ—史書と碑文をあわせ読む
魏・蜀・呉の正統論 **宮宅 潔**/漢から魏へ—上尊号碑 **井波陵一**/魏から晋へ—王基碑 **藤井律之**
1500円

3 清華の三巨頭
王国維—過去に希望の火花をかきたてる **井波陵一**/陳寅恪—"教授の教授"その生き方 **古勝隆一**/趙元任—見えざることばを描き出す **池田 巧**
1800円

4 木簡と中国古代
中国西北出土木簡概説 **冨谷 至**/漢代辺境出土文書にみえる年中行事—夏至と臘 **目黒杏子**/木札が行政文書となるとき—木簡文書のオーソライズ **土口史記**
1600円

5 清　玩—文人のまなざし　1900円

古鏡清玩—宋明代の文人と青柳種信　**岡村秀典**／李漁の「モノ」がたり—『閒情偶寄』居室・器玩部より　**髙井たかね**／利他と慈悲のかたち—松本文三郎の仏教美術観　**稲本泰生**

6 目録学に親しむ—漢籍を知る手引き　1500円

目録学—俯瞰の楽しみ　**古勝隆一**／子部の分類について　**宇佐美文理**／目録学の総決算—『四庫全書』をめぐって　**永田知之**／附録　漢籍目録の参考文献　**古勝隆一**

7 漢籍の遥かな旅路—出版・流通・収蔵の諸相　1700円

明末の天主教漢籍と日本のキリシタン版　**中砂明徳**／漢籍購入の旅—朝鮮後期知識人たちの中国旅行記をひもとく　**矢木　毅**／モンゴル時代の書物の道　**宮　紀子**

8 中国近代の巨人とその著作—曾国藩、蔣介石、毛沢東　1500円

「士」の家計簿—曾国藩の著作より　**村上　衛**／蔣介石と『中国の命運』　**森川裕貫**／毛沢東—書家として、詩人として—　**石川禎浩**

9 金（女真）と宋—12世紀ユーラシア東方の民族・軍事・外交　1500円

『三朝北盟会編』を読む—亡国の史書　**古松崇志**／北宋最強軍団とその担い手たち—澶淵の盟から靖康の変へ　**伊藤一馬**／女真の形成—東北アジアにおける諸集団の興亡　**井黒　忍**

10 続・漢籍の遥かな旅路—日本への旅路　1500円

海を渡った韓書と漢籍　**矢木　毅**／行きて帰りし書物—漢籍の往還をめぐって　**永田知之**／王勃の作品集の旅　**道坂昭廣**

＊表示は本体価格です。